박기현

부산대학교 한문학과를 졸업했던 2009년, 방송작가를 꿈꾸며 서울로 상경해 약 15년간 방송작가로 일했다. 대표 프로그램은 <Olive 모두의 주방>, <tvN 집콘LIVE>, <tvN 삼백만 년 전 야생 탐험 : 손동 동굴>이다. 현재는 두 아이를 키우며 엄마라는 또 다른 인생을 겪어보는 중이다. 누군가를 위로할 수 있는 나이가 되었기를, 인생을 살았기를, 바라본다.

류재민

부산에서 나고 자랐다. 학생 때 고전문학 시간이 유일하게 즐겁다는 이유 하나만으로 부산대학교 한문학과에 진학해 박사과정까지 공부를 이어오고 있다. 몸과 마음이 지쳐 잠시 방황했던 시기가 있었는데, 그럴 때 위로가 되고 격려가 되는 시 한 수가 있어서 행운이었다. 내가 만난 행운이 다른 이들에게도 전해지길 바란다.

김동혁

아직까지 하고 싶은 것들이 많은 하고재비. 언젠가는 내가 만든 무언가로 세상을 따뜻하게 만들겠다는 몽상가. 여전히 앞가림을 못하는 것 같은 자칭 철부지. 한문학자를 꿈꿨지만 결국 도망치고만 도망자. 꼭 성공하고 말겠다는 생각이 가득한 열정가. 하지만 열정에 비해 노력이 부족한 게으름뱅이.

정다운

전형적인 장녀의 기질을 가지고 있다. 일탈의 경험이 거의 없고 보통 인생의 숙제들을 하나씩 해 나가고 있는 중이다. 다른 사람에 대해 관심이 없는 것 같으면서도 그 관계들을 소중히 여기며 어쩔 땐 깊은 고민에 빠지기도 한다. 누군가에겐 자랑스러운 사람일 수 있으나 아직까지는 부끄러운 게 더 많다. 특별하진 않지만 작은 울림으로 누군가에게 기억되고 싶다.

이지수

부산대학교 한문학과 졸업. 학부 시절 한시 수업을 가장 좋아했다. 요즘은 동 대학원에서 철학 수업을 들으며, 우리가 함께 살아가야 하는 이유란 무엇일까를 고민하고 있다. 인생의 모토는 낭만을 좇는 것. 음악과 영화, 현대 미술을 사랑하는 20대 청년이다. 알 수 없는 내일이지만 하루하루를 묵묵히 그리고 담담히 살아가고자 한다.

이시은

부산대학교 한문학과 재학 중으로, 곧 5학년이 된다. 이제는 학교를 떠날 때가 되었다고 생각하지만, 학생이 아닌 자신이 어색해 마지막 유예를 두고 있다. 하늘이 파랗게 물들면 숲을 보고, 하얗게 물들면 바다를 보러 가는 걸 좋아한다. 자연을 닮은 삶을 사는 것이 목표다. 최근 다시금 인연의 소중함을 느끼고 어쩌다 마주친 모든 분께 감사를 전하고 있다.

김승룡

고려대학교 국어국문학과 및 동 대학원을 졸업했다. 현재 부산대학교 한문학과 교수로 있다. 근래 한문고전을 건조하게 읽는 독법을 넘고자 치유의 흔적을 찾고 있다. 청춘들의 목소리를 담아서 시를 통한 테라피를 시도한 『청춘문답』을 세상에 내놓기도 했다.

치유인문컬렉션

06

청춘 위로

Collectio Humanitatis pro Sanatione VI

ars

미다스북스

치유인문컬렉션 도서 목록

I

자기배려,
스스로 돌보는 몸과 삶

『자기배려, 스스로 돌보는 몸과 삶』

II

차크라의 지혜

『차크라의 지혜』

III

숲을 만나는 기쁨

『숲을 만나는 기쁨』

IV

감정조율을 위한
소리 이야기

『감정조율을 위한 소리 이야기』

V

행복해질 수 있는 용기

『행복해질 수 있는 용기』

VI

청춘 위로

『청춘 위로』

VII

다무포하안마을
고래의 꿈

『다무포하안마을 고래의 꿈』

VIII

오직 모를 뿐_벽암록

『오직 모를 뿐_벽암록』

IX

고전치유학을 위하여

『고전치유학을 위하여』

X

위로의 도시

『위로의 도시』

XI

금강산을
누워서 걷노라니

『금강산을 누워서 걷노라니』

XII

파리는 당신을
기억합니다

『파리는 당신을 기억합니다』

* 콜렉티오 후마니타티스 프로 사나티오네(Collectio Humanitatis pro Sanatione)는 라틴어로 치유인문컬렉션이라는 뜻입니다. 세상의 상처를 치유하기 위해서는 인간이 만들어낸 모든 학문이 동원되어야 한다는 생각에서 출발합니다.

때론 두 눈이 탁하게 꺼지는 날이 오더라도
그날 밤 여전히 자리를 지키고 있을 샛별을 보며
오늘을 기억해 주시길 바랍니다.
창문 너머를 멍하니 보는 것은 우리의 오랜 버릇이 아니던가요.

당신이 떠난 후 여러 밤이 지났습니다.
그 밤들이 지나 겨우 오늘 밤에야 따스해진 봄기운을 알겠습니다.

이제야 당신이 없음에 온전히 슬퍼하고 추억할 수 있을 것 같습니다.
이제야 이렇게 당신에게 보내는 이 편지를 적을 수 있겠습니다.

세상일 마음대로 뜻대로 되지 않는다고.
하물며 날씨조차 마음대로 되지 않는데,
세상일이라는 게 마음대로 되겠냐고.

'현재'는 어디에도 없었다. 현재를 살지 못하는 삶이
얼마나 불행한 것인지 겪어본 사람은 알 것이다.
나를 그런 불행한 삶으로 내몬 당사자가
바로 자기 자신이라는 사실이 가장 아프다는 것도.

모든 청춘들에게 이 말을 전하고 싶습니다.
"희망으로 극복되지 않는 운명은 없습니다.
부디 포기하지 말아 주세요."라고.

이제는 모두 추억으로 남았지만,
순간순간 떠오르는 장면들에 남몰래 미소를 짓곤 합니다.
그래서일까요. 어쩌면 오늘의 나는 과거의 아름다움을 곱씹으며
하루하루를 버티고 있는 것일지도 모르겠습니다.

숱한 갈등과 충돌도 경험하면서 조금씩 더디지만
나를 세워나가는 때이기도 하지요.
이 시점에 이들은 묻고 답하며,
서로 혹은 스스로 위로하며 나를 만들어가고 있었습니다.

'청춘위로'는 그에 대한 작은 보고서입니다.

목차

존재와 치유, 그리고 인문

존재

"나는 생각한다, 그러므로 존재한다."

어느 이름난 철학자가 제시한 명제다. 생각으로부터 존재하는 이유를 찾는다는 뜻이다. 나름 그럴듯한 말이지만 결국 이 말도 특정한 시기, 특정한 공간에서만 적절한 명제이지 않을까? 물론 지금도 그때의 연장이요, 이곳도 그 장소로부터 그리 멀지 않다는 점에서 그 말의 효능은 여전하다고 하겠다. 다만 존재 이전에 생각으로 존재를 규정하는 것이 가끔은 폭력이라는 생각도 든다. 나는 이렇게 실제 존재하고 있는데, 존재를 증명하기 위해 합리적이고 논리적인 설득을 선결해야 한다. 만일 존재를 설득해내지 못하면 나의 존재는 섬망(譫妄)에 불과할지도 모르다니! 그래서 나는 이 말의 논리가 조금 수정될 필요가 있다고 생각한다.

"나는 존재한다. 그러므로 존재한다."

존재 그 자체가 존재의 이유인 것이다. 누가 호명해주지 않아도 존재하는 모든 것은 나름의 이유가 있고, 존중받을 가치를 지니고 있다. 존재는 그 자체로 완전하며 누군가의 판단 대상이 아니다. 비교를 통해 우열의 대상이 되어도 안되고, 과부족(過不足)으로 초과니 결손으로 판단되어도 안된다. 또한 사람이든 동물이든, 식물이든, 벌레든 외형이 어떤가에 상관없이 세상에 나오는 그 순간부터 존재는 이뤄지고 완성되며 온전해진다. 존재는 태어나고 자라고 병들고 죽는다. 이 자체는 보편진리로되, 순간마다 선택할 문은 늘 존재한다. 그 문도 하나가 닫히면 다른 문이 열리니, 결국 문은 열려 있는 셈이다. 그 문을 지나 길을 걷다 보면 어느새 하나의 존재가 된다. 어쩌면 순간순간 선택할 때는 몰랐지만, 이것이 그의 운명이요, 존재의 결과일지도 모를 일이다. 그런 점에서 그의 선택은 그에게 가장 알맞은 것이었다. 존재는 그 자체로 아름답다.

치유

그런 점에서 치유라는 개념은 소중하다. 치유는 주체의

존재에 대한 긍정을 바탕으로 자신을 스스로 조절해가는 자정 능력을 표현한다. 외부의 권위나 권력에 기대기보다는 원력(原力, 원래 가지고 있던 힘)에 의거해 현존이 지닌 결여나 상처나 과잉이나 숨가쁨을 보완하고 위로하며 절감하고 토닥여주는 것이다. 원력의 상황에 따라서 멈추거나 후퇴하거나 전진을 단방(單方)으로 제시하며, 나아가 근본적인 개선과 전변, 그리고 생성까지 전망한다. 간혹 '치유는 임시방편에 지나지 않은가' 하는 혐의를 부여하기도 한다. 맞는 지적이다. 심장에 병이 생겨 수술이 급한 사람에게 건네는 위로의 말은 정신적 안정을 부여할 뿐, 심장병을 없애지는 못한다. 그러나 병증의 치료에 근원적인 힘은 치료 가능에 대한 환자의 신뢰와 낫겠다는 의지에 있음을 많은 의료 기적들은 증언해주고 있다. 어쩌면 우리는 이 지점을 노리는지도 모르겠다.

구름에 덮인 산자락을 가만히 응시하는 산사람의 마음은 구름이 걷히고 나면 아름다운 산이 위용을 드러내리라는 믿음을 바탕으로 한다. 내보이지 않을 듯이 꼭꼭 감춘 마음을 드러내게 만드는 것은 관계에 대한 은근한 끈기와 상대에 대한 진심이 아니던가! 치유는 상처받은 이(그것이 자신이든 타인이든)에 대한 진심과 인내와 신뢰를 보내는 지극히 인간적인 행위이다. 마치 세상의 모든 소리를 듣고 보겠다는 관세음보살의 자비로운 눈빛과 모든 이의

아픔을 보듬겠다며 두 팔을 수줍게 내려 안는 성모마리
아의 자애로운 손짓과도 같다. 이쯤 되면 마치 신앙의 차
원으로 신화(神化)되는 듯하여 못내 두려워지기도 한다. 그
러나 치유의 본질이 그러한 것을 어쩌겠는가!

인문

우리는 다양한 학문에서 진행된 고민을 통해 치유를
시도하고자 한다. 흔히 인문 운운할 경우, 많은 경우 문
학이나 역사나 철학 등등과 같은 특정 학문에 기대곤 한
다. 이는 일부는 맞고 일부는 그렇지 않다. 세상은 크게
세 가지로 구성되어 있다. 여러분이 한번 허리를 곧게 세
우고 서 보라. 위로는 하늘이 펼쳐져 있고, 아래로 땅이
떠받치고 있다. 그 사이에 '나'가 있다.

고개를 들어본 하늘은 해와 달이, 별들로 이뤄진 은하
수가 시절마다 옮겨가며 아름답게 수놓고 있다. 이것을
하늘의 무늬, 천문(天文)이라고 부른다. 내가 딛고 선 땅은
산으로 오르락, 계곡으로 내리락, 뭍으로 탄탄하게, 바다
나 강으로 출렁이며, 더러는 울창한 숲으로, 더러는 황막
한 모래펄로 굴곡진 아름다움을 이루고 있다. 이것을 땅
의 무늬, 지문(地文)이라고 부른다. 그들 사이에 '나'는 그

수만큼이나 다양한 말과 생각과 행위로 온갖 무늬를 이뤄내고 있다. 이것을 사람의 무늬, 인문(人文)으로 부른다.

인문은 인간이 만들어내는 모든 것을 가리킨다. 그 안에 시간의 역사나 사유의 결을 추적하는 이성도, 정서적 공감에 의지하여 문자든 소리든 몸짓으로 표현하는 문학 예술도, 주거 공간이 갖는 미적 디자인이나 건축도, 인간의 몸에 대한 유기적 이해나 공학적 접근도, 하다못해 기계나 디지털과 인간을 결합하려는 모색도 있다. 이렇게 인문을 정의하는 순간, 인간의 삶과 관련한 모든 노력을 진지하게 살필 수 있는 마음이 열린다. 다만 이 노력은 인간이 지닌 사람다움을 표현하고 찾아주며 실천한다는 전제하에서만 인문으로 인정될 수 있다. 이제 천지와 같이 세상의 창조와 진퇴에 참육(參毓)하는 나를, 있는 그대로 바라볼 때가 되었다.

餘滴

어데선가 조그마한 풀씨 하나가 날아왔다. 이름 모를 풀씨가 바윗그늘 아래 앉자 흙바람이 불었고, 곧 비가 내렸다. 제법 단단해진 흙이 햇빛을 받더니, 그 안에서 싹이 올라왔다. 그런데 싹이 나오는 듯 마는 듯하더니 어느

새 작은 꽃을 피웠다. 다음 날, 다시 풀씨 하나가 어데선가 오더니만 그 곁에 앉았다. 이놈도 먼저 온 놈과 마찬가지로 싹을 틔우고 꽃을 피웠다. 그런데 이게 웬일인가! 그 주위로 이름 모를 풀씨들은 계속 날아와 앉더니 꽃을 피워댔다. 이들은 노란빛으로, 분홍빛으로, 보랏빛으로, 하얀빛으로, 혹은 흑색으로 혹은 알록달록하게 제빛을 갖추었다. 꽃 하나하나는 여려서 부러질 듯했는데, 밭을 이루자 뜻밖에 아름다운 꽃다지로 변했다. 생각지도 못한 일이었다!

이 컬렉션은 이름 모를 풀꽃들의 테피스트리다. 우리는 처음부터 정교하게 의도하지 않았다. 아주 우연히 시작되었고 진정 일이 흘러가는 대로 두었다. 필자가 쓰고 싶은 대로 쓰도록 했고, 주고 싶을 때 주도록 내버려 두었다. 글은 단숨에 읽을 분량만 제시했을 뿐, 그 어떤 원고 규정도 두지 않았다. 자유롭게 초원을 뛰어다닌 소가 만든 우유로 마음 착한 송아지를 만들어내듯이, 편안하게 쓰인 글이 읽는 이의 마음을 편안하게 할 것이라는 믿음 때문이었다. 우리는 읽는 이들이 이것을 통해 자신을 진지하게 성찰하고 새롭게 각성하기를 원하지 않는다. 그저 공감하며 고개를 주억거리면 그뿐이다. 읽는 분들이여, 읽다가 지루하면 책을 덮으시라. 하나의 도트는 점박이를 만들지만, 점박이 101마리는 멋진 달마시안의 세계를 만들 것이다. 우리는 그때까지 길을 걸어가려 한다. 같이 길을 가는 도반이 되어주시는 그 참마음에 느꺼운 인사를 드린다. 참, 고맙다!

2024년 입추를 지난 어느 날
치유인문컬렉션 기획위원회 드림

이심전심

　청춘(靑春). 표준국어대사전에 따르면 청춘은 새싹이 파랗게 돋아나는 봄철이라는 뜻으로 10대 후반에서 20대 남짓의 시절을 의미하는 말이라고 합니다. 새싹이 겨우내 깊은 잠에서 깨어나 싹을 틔우듯이, 청춘들 역시 저마다의 보폭과 속도로 꽃을 피울 준비를 할 테니 말이죠.

　그러나 우리 청년들의 삶은 그다지 낭만적이지만은 않습니다. 무한 경쟁 사회에 자기 자신을 잃은 채 하루하루를 견뎌낼 뿐이니까요. 사회가 요구하는 인재상에 맞춰 살다 보니 내가 누구인지도 무엇을 좋아하는지도 잊어버리기 일쑤요, 찬란한 내일을 꿈꾸면서도 막연한 미래에 불안함을 느끼고 남들에게 뒤처질까 전전긍긍할 뿐입니다. 한편으로는 나만 빼고 모두 행복해 보이고, 이 세상에 나만 고립된 것처럼 느껴지기도 하죠. 말 그대로 '나'는 없는 세상인 것만 같습니다.

책을 쓰기 전까지만 해도 이러한 위태로움과 불안이 저 혼자만의 것이라고 생각했습니다. 다른 사람들은 다들 잘 지내는 것만 같은데 나만 너무 예민하고 불안해하는 걸까 하고 말이죠. 그러나 이 작업에 참여하여 서로의 글을 찬찬히 읽어보는 과정에서, 비단 혼자만의 고민들이 아니었구나 하는 사실을 깨달았습니다. 집필자들 모두 각자의 고민을 안고 있었거든요. 취업에 대한 불안과 나만 경쟁에 뒤처지는 것 같은 두려움, 그리고 사랑하는 사람을 잃은 상실감과 과거의 나에 대한 그리움까지. 이유와 사연은 모두 달랐지만 우리는 비슷한 아픔과 걱정거리를 마음속 깊은 곳에 두고 사는 듯했죠.

'청춘위로', 거창한 제목입니다. 그러나 우리는 누군가를 감히 위로하기 위해 글을 쓰기 시작한 건 아니었습니다. 우리는 서로 이런 당부를 했었습니다.

"누군가를 위로하기 위해서 글을 쓴다기보다, 자기 자신을 꺼내어 보인다는 마음으로 쓰도록 하자."

그래서일까요. 이 책의 제목은 '청춘위로'지만, 사실 우리의 책은 집필진 스스로의 아픔을 치유하는 편지글로 이뤄져 있습니다. 우리의 비밀스러운 이야기를 진솔하게 전하기 위해 편지 형식을 택했죠. 외롭고 쓸쓸했던 과거의 '나'에게 글을 쓰기도 하고, 사랑하는 혹은 사랑했던 사람들에게 진심 어린 편지를 남기기도 했습니다. 청춘이라 불리는 우리의 성장통을 고스란히 담아낸 글들일 테죠.

물론 나 자신을 글로 내보이는 일은 결코 쉽지 않았어요. 겨우 묻어둔 과거를 다시 꺼내고 회상하는 과정이 심적으로는 무리가 많이 가는 활동이었거든요. 자그마한 일도 예민하고 섬세하게 받아들이는 우리는 특히 작업 내내 감정이 요동을 쳤었죠. 글을 쓰는 동안 홀로 울기도 하고, 그때의 아름다운 기억을 떠올리며 추억에 젖기도 했었거든요. 휘몰아치는 감정의 파도를 무사히 항해하고 난 뒤, 비로소 저 자신을 다독일 수 있었습니다. 그럼에도 괜찮다고, 지금의 고민들이 훗날에는 모두 해결되어 있을 것이라고 하면서요. 과거의 나에게 뜨거운 악수로 작별을 청했음을 느낄 수 있었죠. 그제서야 한 뼘 더 성장한 나를 마주할 수 있게 된 것만 같습니다.

이 책이 독특한 또 하나의 이유를 꼽자면 글 한 편마다 한시(漢詩)가 수록되어 있다는 점입니다. 우리는 각자의 글에 맞는 한시를 찾아 현재 우리의 입장에서 시를 재해석해 보고자 했습니다. 선조들 역시 우리와 엇비슷한 고민을 하고 있었거든요. 아무도 알아주지 않지만 하루하루를 묵묵히 견뎌 내기도 하고, 숱한 고민에 뜬눈으로 밤을 지새우기도 하고, 부모님을 사랑하는 마음을 노래하기도 했죠. 이처럼 과거 문인들은 다섯 또는 일곱의 자수로 사랑과 존경, 그리움과 두려움, 아쉬움과 미련 등을 그려내고 있었습니다. 기실 감정이란 예나 지금이나 변하지 않는 인간의 일부인 바, 한시에 담긴 감정을 곱씹으며 우리가 서로 연결되어 있음을 느꼈던 것만 같습니다. 과거의 사람들과 지금의 우리, 그리고 글을 쓰는 '나'와 '또 다른 나'가 서로 기대어 있음을 확인할 수 있었습니다.

장자(莊子)는 "마음이 죽는 것만큼 슬픈 일이 없다(哀莫大於心死)."라고 말했습니다. 육체가 살아 숨 쉬더라도 마음이 제대로 작동하지 않는다면 살아도 사는 게 아니라는 의미일 테죠. 그러나 2024년을 살아가는 우리는 현실을 핑계 삼아 나의 감정과 내면을 애써 외면하고 살아가는 것만 같습니다. 모두가 하나쯤은 걱정거리를 품고 있을 텐데도 괜찮은 척하며 살아갈 테니 말이죠.

우리는 우리의 글들이 여러분의 마음으로 가닿았으면 합니다. 위로라기보다는 당신의 하루에 위안이 되었으면 합니다. 시란 읽는 사람에 따라 다르게 읽힌다는 이야기처럼, 저희가 고심해 고른 한시가 여러분들의 마음의 문을 두드렸으면 합니다. 그리고 우리의 글이 독자분들의 일상에 가랑비에 옷 젖듯 스며들기를 간절히 바라봅니다.

늘 그랬듯이 하루하루 기적이고, 하나하나 감사할 뿐입니다. 이제 붉은 상처를 치유한 청춘은 더욱 짙푸른 청년으로 성장할 것입니다. 다음에 다시 더욱 건강하게 만나 뵙도록 하지요. 그때까지 안녕히 계세요!

2024년 뜨거운 여름,
새파란 동해가 바라뵈는 카페에 앉아서

1장

나를
위로하다

언니가 동생에게, 동생이 언니에게

지난해 오늘 이 문 안에

얼굴과 복사꽃이 서로 비치며 붉었건만.

얼굴은 이제 어디로 갔느뇨

복사꽃은 예전대로 봄바람에 벙글었네.

去年今日此門中 人面桃花相映紅

人面只今何處去 桃花依舊笑春風

_도성 남쪽 어느 집 정원에 쓰다 (題都城南莊, 최호)

　시의 가장 큰 매력은 읽는 사람마다 다른 의미로 전달
되다는 것이지요. 같은 시를 읽어도 누군가는 연애 감정
으로 받아들이기도 하고, 우정으로 생각하기도 하고, 혹
은 그 외의 경험과 연관 지을 테니 말이지요. 최호의 한
시 〈제도성남장(題都城南莊)〉을 글자로만 해석해 본다면 작
년에는 집에 임과 복사꽃이 붉게 비쳤으나, 이제는 임의
부재에 대해 안타까움을 드러내는 시라고 볼 수 있습니

031

다. 그러나 제게는 이 '임'이 조금 다르게 다가왔습니다. 작년의 저 자신이 떠오른 것이었지요. 어린아이들의 몸이 해마다 다르게 커지는 것처럼, 저 또한 정신적으로 매년 성숙해지고 있음을 느낍니다. 그렇기에 작년의 저와 지금의 저는 완전히 다른 사람처럼 느껴질 정도입니다. 이런 제 감정을 이 시에 옮겨 표현해 보면 이렇습니다.

작년 오늘 이 베갯머리 위에는
붉은 눈과 새벽 별이 서로 비치며 밝았는데.
붉은 눈은 이제 어디로 갔는지 모르겠거니와
샛별은 옛 모습 그대로 여름 바람에 흔들리네.
去年今日此枕上 紅眼曉星相映光
紅眼不知何處去 曉星依舊搖夏風

작년의 저는 수많은 고민과 슬픔을 혼자 끌어안은 것처럼 충혈된 눈으로 밤을 새우고는 했습니다. 그때는 그 상황과 감정이 전부인 것처럼 새빨간 눈으로 눈물을 흘리기도 했지요. 그런데 일어나서 무슨 일이든 하며 살아가다 보니, 1년이 지나 오늘의 제가 되어 있었습니다. 지금도 가끔은 잠을 설치지만 작년의 제가 타인처럼 느껴질 만큼 그 슬픔을 뛰어넘어 있는 것만 같습니다. 한밤중에 잠들지 못해 충혈된 채 새벽 별과 마주했던 그 눈은,

이제는 조용히 감겨 그 빛을 숨기고 있습니다. 잔잔히 색색대는 숨소리가 울려 퍼지는 동안 모든 것을 지켜보았던 샛별만이 예나 지금이나 그 자리를 지키고 있지요. 밤에 홀로 울음을 삼키던 수많은 과거의 자신이 생각납니다. 시뻘건 눈을 감추려고 밤하늘 아래 얼음을 눈에 대고 있던 때도 있었고, 두 번째 수능을 망쳤다는 생각에 별이 질 때까지 울었던 날도 있었습니다. 붉은 눈과 새벽 별이 서로를 비추었던 그 수많은 순간이 스쳐 지나갑니다. 그런데 이제는 그 눈물 젖은 눈은 어디로 갔는지, 고요한 밤하늘 아래 남아 있는 것은 샛별뿐인 것 같습니다. 과거의 우울했던 스스로를 생각하면 이제는 어린 동생을 보고 있는 것처럼 느껴집니다. 저보다 덜 살아서 안아주고 싶은 동생들처럼 말입니다. 동생, 이 언니가 장담하는데, 뻑뻑해진 그 눈도 언젠가는 없던 일처럼 잊고, 밤하늘에 빛나는 별만 남는 날이 언젠가 온답니다. 물론 가끔은 아닌 날도 있지만, 그래도 모든 것은 지나갑니다. 사람은 변하고, 삶은 바뀌어요. 변하지 않는 것은 달이나 별이나 산이나 나무나 그런 것들뿐입니다. 그러니 걱정하지 말고 마음껏 울어보세요. 내가 다 해봐서 알고 있거든요. 확신해요.

과거의 자신이 동생이라면 미래의 자신은 언니가 되겠지요. 저는 비록 외동으로 태어났지만, 제게도 언니와 동생이 있는 셈입니다. 저보다 먼저 앞서가 있는 미래의 언니에게도 이 시를 통해 한마디 하고자 합니다. 눈은 울어서 충혈되기도 하지만, 무언가에 몰두하고 집중했을 때 빨개지기도 하지요. 그런 의미에서 붉은 눈은 어떤 강한 의지의 표현이 될 것입니다. 어린 시절에는 책을 사면 밤을 새워 그날 다 읽고는 했고, 공부를 못 했으면 벼락치기로 어떻게든 전 범위를 보고 가고는 했었잖아요. 그런데 지금은 사놓고 던져놓은 책이 몇 권인지, 미루는 버릇은 그대로이면서 포기는 왜 이렇게 빨라졌는지 모르겠습니다. 어렸을 때 가졌던 불이 타오르던 그 열정적인 눈을 기억하나요? 최근이 되어서야 나는 그 시절의 불씨를 다시 되살리는 중인 것 같습니다. 여간 힘든 일이 아니었어요. 우여곡절 끝에 되살린 내 눈 안의 붉은 불씨를 우리 언니께서 꺼뜨리지 않으셨으면 합니다. 계속해서 노력해 주셨으면 합니다. 살다 보면 분명 비가 오는 날이, 빛이 스러지는 날이 찾아오겠지요. 저도 알고 있습니다. 그렇지만 우리 이제는 조금 더 어른에 가까워지지 않았나요? 때론 두 눈이 탁하게 꺼지는 날이 오더라도 그날 밤 여전히 자리를 지키고 있을 샛별을 보며 오늘을 기억해 주시길 바랍니다. 창문 너머를 멍하니 보는 것은 우리의 오랜 버릇이 아니던가요. 별은, 가끔 구름에 가려도 결코 사라지지 않고 빛나고 있지요. 내 눈 또한 별처럼 불탈 것을

약속하고, 또 부탁드리며 언니가 동생에게, 동생이 언니
에게 보냅니다.

늦었다는 생각으로 쫓기는 당신

창밖에서 매미가 목청껏 우는 것을 듣다 문득 여름이 왔다는 것을 깨닫습니다. 올해 여름은 유달리 이상합니다. 이제야 여름 더위가 슬금슬금 고개를 내밀고 그사이 비는 올 듯 말 듯 사람의 마음을 애태우고 있습니다. 이런 날씨면 당신은 잘 지내고 있는지 궁금하곤 합니다. 여름비로 짜증 날 법한데도 구름 사이로 비치는 햇살에 관심을 가지던 당신은 어떻게 지내시는가요? 아직도 그 햇살을 좋아하시나요?

사실 얼마 전 거울을 통해서 당신을 마주했습니다. 오랜만에 마주한 당신의 모습에 반가움을 느낄 새도 없이 걱정부터 앞서더군요. 퀭한 눈과 볼까지 축 늘어진 다크서클, 그리고 왠지 모르게 초조해 보이는 당신의 표정은 제가 알던 당신의 모습과 꽤 달랐습니다. 그동안 무슨 일이 있었기에 당신의 모습이 이렇게 된 것일까요. 혹시 종종 거울 속 저를 보며 이야기했던 그것 때문인가요? 너무 늦은 것 같아 더 열심히 달려가야겠다 하던 그 말이 당신을 이렇게까지 초조하게 만들었을까요?

어쩌면 저는 당신이 초조할 거라 예상했을지도 모르겠습니다. 누구보다 당신의 성격을 잘 알고 있으니까요. 밝은 모습 뒤에 숨겨둔 소심하고 예민한 성격은 아마 저 그리고 정말 친한 몇몇을 제외하고는 모르는 모습이겠죠. 저는 당신의 그 성격이 썩 마음에 듭니다. 소심해서 꼼꼼하고 예민해서 한 번 더 남을 배려하곤 하니까요. 하지만 이번만큼은 그 성격이 당신에게 독이 된 것 같습니다.

생각해 보면 당신은 빨랐던 적이 없습니다. 기껏해야 남들과 엇비슷한 속도를 냈을 뿐이지 남들을 앞서간 적은 없습니다. 그리고 당신은 개의치 않았습니다. 그때도 그랬습니다. 당신이 하고 싶은 일을 하기 위해 1년간 허송세월했을 때도 걱정은 했을지언정 초조해하지는 않았습니다. 늦었다는 생각이 들 때면 웃음과 함께 늦은 만큼 잘될 거라 스스로를 다독이곤 했습니다. 하고 싶은 일을 포기하고 28살이란 나이로 사회에 나갔을 때도 그랬습니다. 당신에게는 왠지 모를 여유와 느긋함이 있었습니다.

그래서 당신에게 묻고 싶습니다. 당신의 여유와 느긋함은 여전한가요? 아직도 여전히 여름 빗줄기 사이로 내리쬐는 햇살을 좋아하시나요? 더위와 높은 습도로 짜증이 날 법한데도 여전히 햇살에 감탄하시나요? 느긋한 걸음으로 여유롭게 웃으며 햇살이 멋있다고 이야기하시나요?

당신에게 소개해 주고 싶은 사람이 있습니다. 얼마 전이었습니다. 바람 부는 난간에 누워 한껏 낮잠을 즐기고 있던 그 사람을 만난 건 순전히 우연이었지요. 저는 이 사람의 여유가 마음에 들었습니다. 아마 당신도 마음에 들 거라 확신합니다. 그 사람은 당신이 잃어버린 느긋함을 여유롭게 즐기는 사람이니까요. 아니 어쩌면 언젠가의 당신 모습이었을지도 모르겠네요.

> 홑적삼에 작은 댓자리, 바람 부는 난간에 누웠는데,
> 내 꿈을 끊는 꾀꼬리 울음소리 두세 마디어라.
> 빽빽한 이파리에 가리워진 꽃은 봄이 끝나도 남았거니와
> 옅은 구름 사이 비치는 햇살은 빗속에 밝구나.
> 輕衫小簟卧風櫺 夢斷啼鶯三兩聲
> 密葉翳花春後在 薄雲漏日雨中明
> _여름날 (夏日, 이규보)

이 사람은 가벼운 옷차림으로 바람 부는 난간에서 낮잠을 자고 있었습니다. 행복한 꿈을 꾸고 있었는지 가벼운 미소가 얼굴에 걸려있었지요. 그러던 중에 어디선가 꾀꼬리 세 마리 정도가 날아오더군요. 그리곤 곧 울기 시작했습니다. 이러다 그 사람이 깰 것 같다는 생각이 들었

는데 아니나 다를까 그 사람이 일어나 앉아 숲속을 바라보더라고요. 숲에 남아 있는 시든 꽃을 바라보는 것 같았습니다. 얼마나 짜증이 났을까요? 느긋하게 단꿈을 꾸고 있었는데 깨고 말았으니까요. 하지만 그 사람은 짜증이나 화를 내지 않았습니다. 도리어 옅은 구름 사이로 비치는 밝은 햇살에 미소 지었습니다.

그에게서 당신의 모습이 보였습니다. 뭘 하기에는 늦지 않았냐는 지인의 말에 느긋하게 대답하던 당신을요. 유명 연예인의 명언을 말하며 늦은 것 없다고, 각자의 속도가 있다고, 자신만의 속도로 나아가야 길가의 풍경을 볼 수 있지 않겠냐고 말하던 당신의 모습을요.

아마 당신은 앞으로도 수많은 날을 초조함에 휩싸여 지낼 것 같습니다. 늦었다는 강박에 쫓기며 무언가를 자꾸 하고, 거기서 무언가를 찾아내려고 하겠죠. 하지만 그 모든 것이 나아가려는, 원하는 바를 이뤄가려는 모습이기에 응원합니다. 다만 너무 지치고 힘들다는 생각이 들 때, 초조함에 휩싸여 숨도 쉬기 힘들다고 느껴질 때, 모든 걸 다 내려놓고 싶을 때는 가벼운 옷차림으로 바람 부는 난간에서 느긋하게 낮잠 한숨 청하면 좋겠습니다. 비 사이에 내리는 햇살에 넋을 놓게 만드는 아름다움이 존재하는 것처럼, 바쁜 와중에 잠깐 즐기는 느긋함은 당신을 앞으로 나아갈 수 있는 힘을 줄 테니까요.

당신의 초조함이 언젠가 빗속에서 내리쬐는 햇살에 감
탄하는 느긋함이 되길 기원하며 이만 줄이겠습니다.

옛 모습을 그리워하며

친애하는 나에게

별 헤는 밤

　우리는 저마다의 낭만을 안고 살아 갑니다. 누군가는 이뤄지지 못한 첫사랑을, 또 누군가는 파이프오르간의 웅장한 선율을 낭만이라고 말할지도 모르겠습니다. 저 역시 마음 한가득 낭만을 심어두었을 테지요. 좋아하는 친구 앞에서 떨어지는 벚꽃잎을 잡으려 했던 어릴 적 '나'와, 돌이켜보면 풋풋한 여름 냄새가 났던 연애와, 은행잎으로 뒤덮인 거리에 푹 파묻힌 기억과, 눈이 펄펄 내려 온 세상이 하얗게 뒤덮였던 여행지까지. 이제는 모두 추억으로 남았지만, 순간순간 떠오르는 장면들에 남몰래 미소를 짓곤 합니다. 그래서일까요. 어쩌면 오늘의 나는 과거의 아름다움을 곱씹으며 하루하루를 버티고 있는 것일지도 모르겠습니다.

　그렇게 버티고 견디던 날들이 쌓여 어느덧 스물다섯 해를 훌쩍 넘겼습니다. 이젠 많은 것들에 덤덤해질 법도 한데, 여전히 작은 울림에 경탄하고 울컥 눈물을 쏟곤 합니다. 나이만 먹었지 아직도 마음이 다 자라지 못했나 봅니다. 이런 제게 하늘 위를 수놓은 별은 그 무엇보다도 아름답게만 느껴집니다.

별을 사랑하게 된 건 꽤 오래전부터였습니다. 뜀박질이 서툴렀을 무렵 전등에 붙여진 야광 별 스티커를 보며 별을 마음에 품었고, 소풍으로 천문대를 올라가는 날이면 설레서 잠 못 이룰 정도였으니까요. 유치원에서 받았던 카시오페이아자리 배지는 아직도 서랍 한쪽에 고이 두었네요. 그 당시에는 하늘에서 반짝거리는 게 너무도 신기하고 아름다워서 멋모르고 좋아했던 것 같습니다. 북극성이 어디 있을까, 나의 별자리는 언제쯤 볼 수 있을까 하며 밤하늘을 몇 번이고 올려다봤던 기억이 떠오릅니다. 돔을 집어삼킬 듯한 천체 망원경으로 북극성을 봤던 날은 아직도 잊을 수가 없습니다.

별을 좋아하는 만큼 별을 품은 밤하늘도 무척이나 사랑하는 편입니다. 나무가 1년에 4번 옷을 바꿔입는 것처럼 밤하늘도 봄, 여름, 가을, 겨울 모두 다른 모습을 띠곤 합니다. 여름밤에는 푸르른 은하수가 흩뿌려지고 겨울밤은 칠흑 같은 어둠이 조금 더 깊게 느껴집니다. 그중에서도 봄과 여름으로 넘어가는 시기의 밤하늘에 마음이 일렁입니다. 그 무렵 제 별자리인 사자자리를 볼 수 있기 때문이지요. 분명 여름의 별자리인데도 봄에 더 선명히

빛을 발하는 별입니다. 그렇지만 이때의 밤하늘을 좋아하는 이유는 따로 있습니다. 4월과 5월 즈음 호젓한 산에서 풍겨오는 싱그러운 풀 내음과 찌르르 찌르르 우는 풀벌레의 노랫소리에 마음이 빼앗기곤 했기 때문입니다.

이런 저의 마음과 꼭 닮은 한시 한 수를 발견했습니다. 조선 전기 문신 정온의 〈견신월(見新月)〉입니다.

오기는 어디에서 왔느뇨

지기는 어디로 지는가.

곱디곱게 가늘기는 눈썹같은데

두루 드넓은 천지를 비추는구나.

來從何處來 落向何處落

妍妍細如眉 遍照天地廓

_초승달을 보며 (見新月, 정온)

시의 화자는 초승달을 보며 흐뭇한 미소를 띠고 있는 것만 같습니다. 달은 누가 알아주지 않아도 하늘과 땅을 여기저기 비추고 있기 때문일 테지요. 화자가 초승달을 바라보며 느꼈던 감정처럼 저 역시 밤하늘의 별들을 동경했던 것 같습니다. 멀리 떨어져 있어서 닿을 수도 없지만 늘 그 자리에 머무르고 있다는 사실에 위로가 되었지요.

그런데 언제부턴가 별을 보는 게 마냥 즐겁지만은 않

았습니다. 속 깊이 묻어둔 기억들이 떠올랐기 때문이었죠. 사실 저는 별에 사랑하는 사람들과의 추억을 아로새기는 습관이 있습니다. 윤동주 시인이 별 하나에 추억과 사랑과 쓸쓸함과 동경과 시와 어머니를 떠올렸던 것처럼 말이지요. 누군가는 이러한 습관을 두고 '아름다운 추억이 떠오를 텐데 왜 행복하지 않냐.'고 물을지도 모르겠습니다. 이에 대해 저는, 세상의 많은 것들은 별처럼 영원하지 않았다고 답하고 싶습니다. 사람도 사랑도 모두 이별의 순간을 맞이하기 때문이었습니다. 별은 또다시 그 자리에 돌아오겠지만 그 사람을, 그 사랑을 더는 볼 수 없다는 사실에 마음이 미어지는 것만 같았습니다.

어쩌면 이별을 마주한다는 게 무서워서 도망치려고 했던 것일지도 모르겠습니다. 무엇보다 슬픔에 잠식된 제 모습을 보기 싫었던 것 같습니다. 그러나 저는 알고 있습니다. 앞으로도 숱한 헤어짐을 겪어야 한다는 것을요. 작별의 순간이 필연적일 수밖에 없다는 것을 알기에, 다시 한번 별을 마음껏 사랑해 보려고 합니다. 아무 생각 없이 별을 좋아했던 그때처럼, 사랑하는 사람들을 별에 새긴 그때처럼, 나를 둘러싼 '별'들을 사랑하고 싶습니다.

상처로 힘들어하던 어린 날의 나

늦은 밤, 4개 조명 중 딱 1개만 켜놨어. 그리고 내가 좋아하는 감성적인 노래를 틀어놓고 거기에 흠뻑 빠졌어. 너에게 집중하려면 까다롭더라도 이런 분위기를 만들어야 해. 그래. 이제야 겨우 너에게 집중할 수 있을 것 같아. 오랜만이지? 너에게 글을 쓰는 건. 그동안 너의 상처와 외로움, 아픔에 집중해서 글을 쓰곤 했는데 이제는 조금 어색한 느낌이 들기도 해. 아마 내가 그때와는 다르게 조금은 무던해졌다는 뜻이겠지.

그 시간을 살아가고 있는 넌 여전히 어린 날의 상처에 매몰되어 허우적거리고 있을 거야. 저 깊은 심해 속에 홀로 잠겨있는 것처럼 이유 모를 외로움과 울컥 솟아오르는 아픔에 정신 차리지 못하겠지. 멀쩡하다고 생각했는데 문득 발밑을 보면 가난으로 힘들었던 기억들, 괴롭힘 당하던 어릴 때의 아픔들, 외모 콤플렉스로 스스로 낸 상처가 마치 늪처럼 널 붙들고 있기도 할 거야. 답답하고 힘들고 아프고. 그래서 인적 드문 밤길에 악하고 소리쳐 보기도 하고 베개에 얼굴을 묻고 한껏 소리 줄인 울분을 토해내기도 하고, 혼자 술을 한잔하기도 하겠지. 그래 너는 지금 그러고 있을 거야. 한없이 긴 겨울이 힘들다 하면서, 과연 나에게 봄날이 올까 하면서.

근데 오더라. 지금도 여전히 많은 고민을 하고, 풀리지 않는 일들이 답답하고 힘들지만 그래도 결국 오더라, 봄날. 사실 예전에는 너를 떠올리는 시간들이 달갑지 않았어. 겨우 앉은 딱지를 스스로 긁어내고 더 깊은 상처를 내는 것 같았거든. 근데 이제는 너를 떠올리는 시간들이 그저 그래. 아니 그냥 아무렇지 않아. 아픈 것도 아니고 기쁜 것도 아니고 그저 그랬구나. 나 좀 힘들었었네. 이렇게 무던하게 너를 바라볼 수 있게 되었어. 신기한 일이지. 그래서 새삼 깨닫는 것 같아. 너를 무던히 바라볼 수 있는 이 순간에, 드디어 나에게 봄이 왔다는 걸.

지금의 나는 여전하면서도 동시에 많은 부분이 바뀌었어. 그동안 나의 글에 외로움과 아픔을 담아냈다면 이제는 담담하게 그 부분들을 쓸 수 있게 되었어. 그리고 이제는 행복과 편안함을 담아내고자 노력하는 중이야. 그때의 너는 상상조차 하지 못하겠지. 나도 가끔 놀라는데 너는 오죽할까.

요즘은 간단한 이미지 작업에 재미를 붙이기 시작했

어. 거기에 주된 아이템은 꽃이야. 꽃. 평생 관련 없을 거라 생각했는데 꽃이라니 이상하지? 나도 문득 그런 생각이 들더라. '꽃을 별로 좋아하지 않았는데 왜 작업에 많이 쓰게 된 걸까.' 하고. 곰곰이 되짚어 보다 보니 네가 곧 만나게 될 한시가 나에게 큰 영향을 줬다는 생각이 들었어.

세상 사람 그저 꽃 보기 좋아할 줄 알지만
꽃이 꽃 되는 이유는 알지 못하네.
모름지기 꽃에서 삶의 결을 보아야 하니
그런 뒤에야 꽃을 볼 수 있게 된다오.
世人徒識愛看花 不識看花所以花
須於花上看生理 然後方爲看得花

_꽃을 바라보며 (看花吟, 박상현)

〈간화음(看花吟)〉이라는 시야. 꽃을 보는 방법. 꽃을 보려면 꽃에서 생의 이치를 봐야 한다고 해. 생의 이치, 꽃이 꽃 되는 이유. 너는 꽃이 되는 이유가 뭐라고 생각할까? 꽃이 되는 이유는 비바람에 이리저리 흔들렸지만, 끝끝내 피어났기 때문이라고 생각해. 피어나지 못하면 결국 꽃이 되지 못하고 죽어버리지만, 그 흔들림 속에 끝끝내 피어난 꽃은 눈물겹게 아름답더라. 그래서 내 작업에는 꽃이 많이 나오는 것 같아. 결국 피어나 흩뿌리는 그 아름다움을 많은 사람들에게 보여주고 싶었나 봐. 많이 흔들린 내가 행복하고 편안하게 변한 것처럼 당신도 괜찮다고, 흔들려도 괜찮다고 알려주고 싶었나 봐.

맞아. 나는 사람들이 한 송이의 꽃이라고 생각해. 모두가 비바람에 이리저리 흔들렸지만 끝끝내 피어난 아름다운 꽃이라고. 그리고 생각해. 너도 한 송이의 아름다운 꽃이라고. 그래서 나는 네가 많이 흔들렸으면 좋겠어. 많이 흔들리고 아파하고 울기도 하고, 그렇게 버티다 보면 언젠가 아름다운 꽃이 될 테니까. 많이 흔들린 그때의 네가 있었기에 지금의 행복하고 편안한 내가 된 것처럼.

그러니까 많이 흔들려 줘. 많이 아파하고 종종 울기도 해줘. 알 수 없는 답답함에 살려달라 소리치기도 하고 베개가 흥건할 정도로 눈물을 흘려줘. 많이 아파하고 많이 흔들린 만큼 너는 더더욱 아름다운 꽃이 될 테니까. '연후방위간득화(然後方爲看得花)'. 그런 뒤에야 눈물겹게 아름다운 꽃을 볼 수 있을 테니까.

아름다운 꽃이 될 네가 그 흔들림에 꺾이지 않고 온전히 피어나길,

지금도 꽃이 되기 위해 흔들리지만 조금은 피어난 미래의 네가.

말이 가진 힘

맴맴 울던 매미들의 울음소리도 잦아들고, 아침저녁으로 선선한 바람이 솔솔 불어옵니다. 가을이 다가와서 그런지 쓸쓸하기도 하고 왠지 모르게 온갖 생각들에 잠기곤 합니다. 가을 탄다는 말이 이런 이야기겠지요. 숱한 고민들이 제 마음 구석구석을 헤집고 있는 요즘입니다.

그중에서도 제 말버릇에 대한 고민이 깊습니다. 말을 툭툭 내뱉는 나쁜 습관이 있기 때문입니다. 되도록 따뜻한 어조로 이야기하려고 노력하지만, 가끔 날 선 말들이 저도 모르게 불쑥불쑥 튀어나오곤 하지요. 입 밖으로 내뱉은 후에야 '마음에도 없는 이야기를 왜 했지.' 하며 후회할 뿐입니다. 그러나 그땐 이미 늦어버렸을 테죠. 한 번 내뱉은 말은 다시 주워 담을 수 없을 테니까요. 머리로는 신중하게 말해야 한다는 걸 아는데도, 이것도 버릇이라면 버릇인지라 쉽게 고쳐지지는 않는 것 같습니다.

꽤 오래전의 일입니다. 초등학교 3학년이었을 무렵, 단짝 친구와 학교를 올라가던 길이었죠. 등굣길이 심심한 나머지 서로 퀴즈 맞히는 놀이를 하곤 했지요. 당시 저는 장난기가 가득했던 철부지였던 것 같습니다. 친구가 문제를 틀리자, "너 바보네! 이걸 못 맞혀?"라며 얄밉게 입을 놀렸거든요. 친구는 제 말을 듣자마자 그 자리에서 엉엉 울어버리고 말았습니다. "내가 제일 싫어하는 말이 '바보'인데 어떻게 그렇게 말할 수 있어?"라며 뛰어 가버렸지요. 어린 마음에 얼마나 상처가 됐을지 지금 생각하면 낯이 뜨거울 정도입니다. 저는 장난으로 했던 말이었지만 친구에겐 그렇지 않았으니까요.

그때 이후로 한마디 한마디를 조심해야겠다고 마음먹었지만, 지금까지도 많이 바뀌지는 않은 것 같습니다. 여전히 주위 사람들에게 말조심하라는 당부를 듣기 때문입니다. 혼이 날 때마다 말조심해야지 하며 다짐하고 또 다짐할 뿐입니다. 당나라 정치인이었던 풍도 역시 혀 놀림을 조심해야 한다고 말했지요.

입은 재앙이 들어오는 문이요
혀는 몸을 베는 칼이로다.
입을 닫고 혀를 깊이 감추면
몸 편안하기 곳곳마다 튼튼하리.
口是禍之門 舌是斬身刀

閉口深藏舌 安身處處牢

_설시 (舌詩, 풍도)

풍도는 〈설시(舌詩)〉에서 입과 혀를 감추어야 한다고 이야기합니다. 시에 따르면 입은 재앙을 불러일으키는 문이고 혀는 몸을 자르는 칼이기 때문이지요. 설저유부(舌底有斧), 혀 안에 도끼가 들었다는 사자성어처럼 '말'은 다른 사람의 마음을 움푹 파이게도, 때로는 진한 여운을 남기게도 하는 것 같습니다.

풍도 외에도 수많은 현인들은 말에 대해 우려를 내비치기도 했습니다. 공자는 "말조심하는 게 쉽지 않다."라고 말했고, 백호 윤휴 또한 "해야 할 말은 하고 해서는 안 되는 말은 하지 않아야 한다."라고 했기 때문입니다.

생각해 보면 참으로 어려운 일입니다. 할 말과 못 할 말을 구분하기도 까다로운데, 듣는 사람을 고려하고 적확한 단어를 선정하고 상황에 알맞은 어조로 이야기를 한다는 것이 결코 쉬운 건 아닐 테니까요. 저조차도 다른 사람의 한마디에 울고 웃는 걸 보면 '말'이 지닌 힘은 정말이지 거센 것처럼 느껴집니다.

하루를 끝내고 나면, 홀로 책상 앞에 앉아 종이 신문을 펼쳐 보곤 하지요. 정치면에서는 실언에 관한 기사가 종종 헤드라인으로 실리는 듯합니다. 말 한마디로 여론에

뭇매를 맞기도 하고 공직에서 물러나기도 하죠. 이런 모습을 보고 있노라면 '입은 재앙을 불러들이는 문'이라는 풍도의 이야기가 썩 틀리지는 않은 것 같습니다.

문학평론가로 활동하셨던 고 황현산 선생님은 다음과 같은 말을 남기셨습니다. "정말이지 인문학은 무슨 말을 하기 위해서 하는 것이 아니라 해서는 안 될 말이 무엇인지 알기 위해 하는 것이다."

인문학을 공부하고 있는 저 역시, 더 많은 걸 배우고 나면 진중한 사람이 될 수 있을까요. 아직까진 많은 것을 알지 못해서 그런지 아니면 말주변도 없고 내성적인 천성 때문에 그런지 다른 사람과 대화하는 데 애를 먹거든요. 그렇지만 어딘가에는 '나'만이 할 수 있는 이야기가 있겠지요. 사람이라면 누구나 마음 깊은 곳에 에피소드 하나쯤은 품어 두었을 테니까요. 위로의 말을 건네지는 못하더라도 타인에게 언행으로 상처 주는 사람이 되지는 말아야겠습니다.

우여곡절 많은 청년의 어느 가을밤 단상입니다.

Bravo, My Life!

Take 1

간호사 선생님들이 나를 둘러싸고 있다. 내가 괜찮은지 묻는다. 눈을 뜰 수 없을 만큼 어지러워서 고개를 끄덕일 뿐이다. 5개의 약제가 주렁주렁 매달린 링거 바늘과 삐-삐- 거리는 기계음. 기계로 측정되지 않을 만큼 낮은 혈압과 펄펄 끓는 체온. 발가락부터 골반까지 칭칭 감긴 깁스……. 지금껏 느껴보지 못한 고통에 몸부림치지만, 소리칠 힘도 없어서 무통 주사만 꾹꾹 눌러댄다. 수술 다음 날 아침이다.

Take 2

또각또각. 담당 교수님의 구두 소리가 병실 복도에 울린다. 회진을 오신 듯하다. 진통제에 취해서 말씀이 귀에 들어오지 않는다. 수술이 잘 되었다는 내용인 것 같다. 생각보다 종양이 커서 다리뼈와 근육을 많이 절제할 수밖에 없었다는 후일담. 앞으로 1달간 침상 생활을 해야 한다는 당부와 함께 유유

히 병실을 빠져나가시는 모습. 얼른 걷고 싶다는 마음만 가
득하다.

이번에는 누구에게도 말하지 못한 제 이야기를 들려드
리고자 합니다. 스물셋과 스물넷의 '나'에 대한 비밀스러
운 서사시죠. 눈치채셨겠지만 저는 꽤 오랜 시간 동안 병
에 맞서 싸웠습니다. 사람이 태어나면 늙고 병들고 죽는
다는데, 저는 그 시기가 일찍 찾아왔던 것 같습니다. 이
쯤 되니 소개를 해야 할 것 같군요. 저는 스물다섯 암 환
자입니다.

투병하기 전까지만 해도 세상에 아픈 사람들이 그렇게
나 많다는 사실을 알지 못했습니다. 병실에 자리가 없는
일이 부지기수였고 병명도 어찌나 다양한지 같은 병을 앓
는 환자를 찾기가 어려울 정도였죠. 그중에서도 저는 뼈
에 생기는 암인 골육종을 진단받았습니다. 솔직히 이 병
을 저조차도 잘 알지 못했습니다. 영화 〈안녕, 헤이즐〉에
서 접한 적이 있지만 그 병을 제가 앓게 될 줄 상상이나
했을까요. 우리나라에선 1년에 100~150명 정도 걸리는
희귀암인 데다, 10대 청소년의 발병률이 높다 보니 주위
에선 더더욱 볼 수가 없었죠.

처음에는 그저 막막했습니다. 무슨 잘못을 했길래 이
병에 걸렸을까 하며 눈물로 밤을 지새웠었죠. 술도, 담배

도, 카페인도 하지 않았을뿐더러 헬스장을 다니면서 건강을 챙겼던 저였으니까요. 살면서 한 번도 나를 사랑하지 않았던 적이 없었는데 이때만큼은 나에 대한 혐오로 가득 찼던 것 같습니다.

한편으로는 무섭기도 했습니다. 아무래도 '죽음'이란 존재를 떨쳐 버릴 수 없었거든요. 병실에는 하루에도 몇 번씩 코드블루가 울렸고, 동고동락하신 분들이 하나둘씩 긴 소풍을 떠나셨기 때문이었지요. 삶과 죽음의 경계가 모호하다는 사실을 몸소 느꼈던 시간이었습니다. 어떤 분은 이른 나이에 죽음을 생각하지 말라며 위로하셨지만 와닿지는 않았습니다. 죽음에 덤덤해지기엔 그때도 아직도 많이 어린 것만 같습니다.

3번의 수술장과 6차례의 항암 사이클, 40여 개의 항암제와 10달의 병원 생활. 숫자로 단조롭게 표현했지만 크나큰 고통의 시간이었습니다. 사람이 너무 힘들고 충격적인 사건은 잊는다는데, 저 역시 겨우 1년도 안 된 일인데도 기억이 잘 나지가 않는 듯합니다. 지금 생각해 보면 어떻게 그 시간을 버텼을까 싶기도 하네요.

분명 고난과 시련의 나날들이었지만 지난한 과정 속에서 정말 많은 것을 깨달을 수 있었습니다. 매일 밤 간이침대에 쪼그려 간호하시던 부모님의 사랑과, 언제나 아낌없이 응원해 준 사람들의 소중함과, 마지막을 알 수 없기에 감사함을 느끼는 '오늘'까지. 아프기 전에는 평범한 일상이 그토록 간절할 줄 전혀 알지 못했죠. 조금이라도 빨리 깨달았다면 그때의 삶을 더 충실히 보낼 수 있지 않았을까 하는 아쉬움이 남습니다.

여전히 저는 완전히 병을 극복하지는 못했습니다. 5년이라는 긴 추적 기간을 통과해야 하고, 수술의 후유증으로 계단을 오르내리는 것이 쉽지 않기 때문입니다. 게다가 다리에는 35cm 흉터가 남아 있고 왼쪽 가슴에는 중심 정맥관인 케모포트를 심었던 흔적이 있기도 하죠. 몸에 새겨진 투병의 흔적을 보고 있노라면, '그땐 그랬지.' 하며 온갖 상념에 잠기곤 합니다.

그렇지만 평범하지 않았던 시간을 겪은 만큼 이제는 제가 훨훨 날아올랐으면 좋겠습니다. 창을 열자 병골이 날개 돋쳤다는 남효온의 한시 〈제성거산원통암창벽(題聖居山元通庵窓壁)〉처럼 말이죠.

동녘의 해가 눈부시게 떠오르고
나뭇잎 지며 신령한 비가 내리네.
창을 열자 온갖 생각 맑아지면서
병든 이 몸도 날개가 돋은 듯하네.
東日出杲杲 木落神靈雨
開窓萬慮清 病骨欲生羽

　저도 제 앞에 놓인 현실을 딛고 일어서면 그 끝엔 '날개'가 있지 않을까요. 날개까지는 아니더라도 사랑하는 사람들과 저녁을 먹고, 보통의 대학생처럼 학교도 가고, 이곳저곳 여행을 다니는 일상들이 앞으로도 있기를 바랄 뿐입니다. 누구도 삶의 마지막을 알 수 없기에 저는, 선물과도 같은 인생의 제2막을 늘 감사한 마음으로 충실하게 살아 나가고자 합니다.

　문득 우울한 날이면 제가 이 글을 읽었으면 좋겠습니다. 어느 때보다 단단하게 삶에의 의지를 다졌던 지금의 이야기를요. 씩씩하게 치료를 견딘 그때의 '나'에게, 저와 같은 병으로 투병 중인 소아암 친구들에게, 일상에서 또 다른 하루를 맞이하는 환우분께, 그리고 오늘의 하루를 헤쳐 나가는 모든 이에게 이 마음을 전합니다.

　Bravo, My Life.

생일의 의미

1월 30일은 제 생일입니다. 학생 때는 항상 방학이거나 설날과 포함된 경우가 많아 친구들에게 축하를 마음껏 받지 못해 늘 아쉬웠습니다. 그때는 제게 생일이 큰 의미로 다가와서 그런지 새해가 되면 늘 한 달 남은 시점부터 생일을 줄곧 기다렸던 것 같습니다. 그날만큼은 내가 주인공이 되는 날이라고 생각했거든요. 그래서 저 역시 친구의 생일만큼은 정성과 마음을 다해 챙겨주고 축하해주려고 하는 편이지요.

요즘은 메신저에 생일을 알려주는 기능이 있어서 굳이 기억하지 않아도, 어쩌면 원치 않더라도 누군가의 생일을 알게 됩니다. 그래서 그 생일 알림 기능 덕분에 몇 년 동안 연락하지 못한 친구에게도 안부 연락을 묻기도 하곤 했지요. 저 또한 생각지 못한 친구에게 생일 축하를 받게 되면 반갑기도 하고 그 마음이 무척 고마웠습니다.

하지만 어떤 마음이었는지 등록된 생일 알림을 삭제해

봐야겠다는 생각이 들었습니다. 혼자만의 시험을 해보기로 한 것이었지요. 알림이 없어도 제 생일을 기억해 주는 사람이 진정한 친구라고 생각해서인지, 아니면 얼마나 많은 사람들이 제 생일을 기억해 줄지 알고 싶어서인지는 모르겠지만요. 그렇게 생일 알림을 지운 후 제 생일이 돌아왔습니다. 몇 명이나 제 생일을 기억해 주었을까요? 제 기억으로는 가족을 제외한 지인은 2, 3명이었던 것 같습니다. 앞서 말했듯 저에게 생일은 특별하고 큰 의미가 있는 날이었기에 그 결과는 굉장히 실망스러웠습니다. 지금 생각해 보면 조금은 유치하지만 '내가 생각하는 소중한 사람들에게 나는 이 정도밖에 되지 않는 것일까.' 하고 서운한 마음이 들었거든요. 그 이후 저는 생일에 대한 의미를 다시금 고민해 보기 시작했던 것 같습니다.

아마 한창 취업을 준비하던 때였을 테지요. 마음은 혼란스럽고 하루에도 몇 번씩 한숨으로 가득 채우던 날들의 연속이었습니다. 그 해에도 어김없이 제 생일이 다가왔습니다. 그땐 제 주위 친구들도 저와 비슷한 시간을 보내고 있었기에, 그렇게 특별하게 여겼던 제 생일마저도 보통의 하루처럼 빡빡하고 힘들게 느껴졌습니다. 그럼에도 불구하고 저도 잊고 있었던 제 생일을 기억해 주는 이들이 참으로 감사하고 소중하게 여겨졌습니다. 바쁜 하루하루 가운데 알림이 울리지 않아도 저를 기억해 준다는 것이 기적 같았거든요. 저에게는 1년에 하나뿐인 생일일지 몰라도 다른 사람에게는 365일 중 하루일 테니까요. 누군가는 나를 기억하고 있다는 사실 자체가 응원받는 것만 같았습니다. 산과 강이 만 겹 같은 시간을 보내던 시기에 저를 기억해 주고 안부를 물어봐 주는 그 따뜻함을 잊을 수가 없습니다.

산과 강이 만 겹이라 소식도 끊어졌거니와
생각할 손, 자네는 내가 가엾어 꿈에서 보았다지.
나는 오늘 병으로 넋도 오락가락하여
그저 낯선 사람만 볼 뿐 자네를 꿈꾸지 못한다오.
山水萬重書斷絶 念君憐我夢相聞
我今因病魂顚倒 惟夢閑人不夢君
_백낙천이 나를 자주 꿈꾸었다는 소식에 답하면서(酬樂天頻夢微之, 원진)

위 시는 백거이가 원진을 꿈꾸었다는 소식에 답하면서 적은 시입니다. 시의 두 주인공은 막역한 사이로 유명했다고 합니다. 원진은 백거이의 편지가 왔다는 말을 듣는 순간 눈물을 흘렸다고 할 정도로 애틋한 사이였지요. 한 명은 친구의 꿈을 꾸고 한 명은 그 친구의 소식을 듣고 눈물을 흘리고, 살아가면서 이런 친구가 한 명이라도 있다는 게 얼마나 귀한 인연일까요.

　생일에 대한 의미는 사람마다 다를 수도 있습니다. 저처럼 축하받지 못한 생일날이면 우울해하는 사람도 있을 것이고, 본인조차 잊고 지나가는 생일이 있을 수도 있습니다. 제 먹고살기 바쁜 요즘, 주위 사람들을 일일이 다 챙긴다는 것은 참 어려운 일인 것 같습니다. 어쩌면 누군가에게는 생일을 챙긴다는 것이 마음의 짐이 될 수도 있을 테지요. 하지만 우리가 서로 조금만 더 돌아보고 말을 건넨다면 원진과 백거이처럼 서로의 존재만으로도 위로가 될 수 있지 않을까요. 비록 당신의 생일에 가까운 이들조차 잊었다 하더라도 그것이 당신의 존재 전부를 잊고 있는 것은 아닐 테니까요. 누군가 당신을 생각하며 웃음 짓고 추억하고 있기에 당신이라는 존재는 또 다른 누군가에게 큰 위로가 될 수 있을 것입니다.

　지금 이 순간 이 글을 읽고 있는 당신, 생일 축하드립니다!

2장

사람들
그리고 사랑

ars

Collectio Humanitatis pro Saeatione VI

나를 위해 젊음을 바치신 당신

당신들을 떠올릴 때면 희생에 대한 미안함이 느껴집니다. 저를 기르기 위해 바친 당신들의 젊음, 그리고 그 희생들이 이제야 절절하게 느껴지기 때문입니다. 모든 부모들이 그렇겠지만 당신들은 나를 위해 많은 것들을 포기하셨습니다. 의식주는 물론이고 거기에는 당신들의 꿈도 포함되어 있겠지요. 가족을 짊어진 그 무게가 얼마나 무거운지, 가족을 위해 포기한 당신들의 마음이 얼마나 큰지, 그저 미안하고 감사할 따름입니다.

가끔 당신들도 힘든 순간들이 있었을 것 같습니다. 아니 분명 있었습니다. IMF로 인해 직장을 잃은 당신이 뒤에서 몰래 쉰 한숨, 남들에 비해 못 해 줬다는 생각이 들 때마다 뒤돌아 눈가를 훔치던 그 모습. 어쩌면 자주 힘들었던 그 순간마다 힘듦을 꿀꺽 삼키고 저에게는 언제나 웃는 모습을 보여주었습니다. '공교수쇄홍안자恐敎愁殺紅顔子', 어린 자식이 시름에 빠져 힘들어할까 두려웠기 때문이겠지요.

지금의 저는 당신들과 제가 처음 만났을 때. 그때 당신들의 나이가 되었습니다. 이 나이가 되었어도 아직까지 당신들의 그 깊은 마음을 채 헤아릴 수가 없다는 사실이 놀랍기도, 고맙기도, 미안하기도 합니다. 그래서 한때는 저의 아이를 감히 생각할 수 없었습니다. 당신들의 그 희생이 너무나도 크고 깊어서, 저는 나의 아이에게 그렇게 할 자신이 없어서. 그래서 내 아이보다 당신들에게 받은 사랑을 보답해야겠다 그렇게 마음을 먹었습니다. 당신들이 이 마음을 들었다면 필히 크게 놀라셨겠지만요.

사실 이 편지를 빌어 고백하자면 당신들께서 보내주는 사랑이 부담스러울 때도 있었습니다. 당신들의 그 희생이 마음 아파 보기 싫을 때가 있었습니다. 당신들의 걱정이 날 어린아이 취급하는 것 같아 싫었고, 아직까지 희생하는 당신들의 모습에 답답하고 화가 치밀어 오르기도 했습니다. 그래서 나도 모르게 날 선 말투로 당신들을 대했고 간혹 상처를 주기도 했습니다. 당신들에게 보내는 사랑과 미안함이 어그러져 그런 모습들이 툭 튀어나왔던 것 같습니다. 맞습니다, 어른이라고 생각했지만 당신들 앞에서 저는 아직 어린아이였나 봅니다.

얼마 후였습니다. 오랜만에 당신들과 이런저런 이야기도 나누며 시간을 보내고자 집에 내려갔습니다. 언제나

타던 그 버스를 타고 항상 내리던 그 정류장에 내려 늘 같은 그 길을 걸었습니다. 그리고 여전한 그 문을 열고 들어가자 당신들께서 저를 반겨주셨습니다. 그런데 왜 당신들은 여전하지 않을까요. 어느새 머리에는 서리가 잔뜩 앉아 새하얗고 얼굴에는 야속하게 남은 세월의 흔적들이 잔뜩 있었습니다. 그 크던 등이 어느새 이렇게 작아졌는지. 마음이 아파 괜스레 더 밝은 행동으로 시간을 보냈습니다.

'풍수지탄(風樹之歎)'이라고 하던가요. 당신들께 받은 그 은혜를 갚을 수 있는 시간이 얼마 남지 않았다는 생각이 문득 들었습니다. 그래서 지금이라도, 작게라도, 당신들께 보답할 수 있는 일이 무엇인가 고민하던 찰나였습니다.

집에 보낼 편지에 고생한다 말하려다

두려울 손, 허연 머리의 부모를 시름겹게 할까봐.

그늘진 산에 쌓인 눈은 깊이가 천 길이지만

되레 "올겨울은 봄날처럼 따스해요."라고 쓰네.

欲作家書說苦辛 恐敎愁殺白頭親

陰山積雪深千丈 却報今冬暖似春

_집에 부치는 편지 (寄家書, 이안눌)

이 시의 화자도 아마 나와 비슷한 생각이었겠지요. 우

연히 읽은 이 시 속 화자의 마음이 너무나도 공감이 되었습니다.

저는 당신들에게 있어 가장 중요한 사람이었습니다. 그렇다면 당신들 덕분에 언제나 제가 행복하다는 것을 말씀드려야겠지요. 그래서 힘들 때도, 아플 때도 여전히 저는 괜찮습니다. 혹시 나의 힘듦이 당신들을 시름겹게 할까 두려워 당신들 앞에서는 언제나 괜찮기로 마음먹었습니다. 오늘 점심에도 당신께 전화를 걸었습니다. 점심은 드셨는지, 어디 아픈 곳은 없으신지, 퉁명스러운 말투로 묻는 아들이지만 그마저도 좋으신지 반가워하며 점심 먹었다고, 아픈 곳은 없다고 말씀하셨습니다. 어제도 그제도 언제나 같은 내용의 통화가 뭐 그리 반가우신지…. 그리고 당신께서 물어봤습니다. 힘든 일은 없는지, 저녁은 먹었는지. 그때마다 대답해드립니다. 괜찮다고. 점심 든든하게 챙겨 먹었다고. '각보금동난사춘(却報今冬暖似春)', 되레 "올겨울은 봄날처럼 따스해요."라고 쓰는 것처럼.

앞으로도 많이 괜찮겠습니다. 그리고 당신들의 은혜에 보답하겠습니다. 그러니 언제나 건강하게 제 옆에 있어 주시길.

엄마의 주름

프랑스 철학자 질 들뢰즈는 '주름'으로 대상의 변화를 설명하고자 했습니다. 그에 따르면 주름은 자기 내면적으로 또는 서로 다른 대상들과 관계를 맺으며 만들어지는데, '접고 펼치고 접음'으로써 처음과는 다른 모습을 띠게 되기 때문입니다.

들뢰즈의 말처럼 우리 주위의 많은 것들은 주름으로 새겨져 있는 것만 같습니다. 가로수의 거친 나뭇결, 꾸깃꾸깃 접힌 와이셔츠, 시험 범위를 접어둔 책 등등. 이렇게 한번 생겨버린 주름은 쉽게 지워지지 않는 법이기도 하지요. 어쩌면 주름은 시간의 흐름을 나타내는 흔적일지도 모르겠습니다.

무엇보다도 주름은 우리 인간에게서 잘 나타나는 듯합니다. 하나둘씩 늘어나는 주름을 통해 세월을 알 수 있으니까요. 자글자글한 눈가의 주름, 깊게 파인 볼, 풍파가 담긴 손등처럼 말이죠. 노화는 인간의 숙명과도 같다지만 쓸쓸한 기분이 드는 건 어쩔 수가 없습니다. 나이가 들어간다는 건 나를 둘러싼 것과 작별할 때가 다가온다는 의미일 테니까요. 저 역시 엄마의 진해지는 주름을 보니 자꾸만 아쉬운 생각이 듭니다. 언젠가는 우리도 만나지 않았던 때로 돌아가야만 하기 때문입니다. 고려 문인이었던 익재 이제현도 저와 비슷한 감정이었던 것 같습니다.

나무토막에 조각해 작은 당닭 만들어

젓가락으로 집어서 벽 위에 올려두네.

이 닭이 꼬끼오 시간을 알려주면

어머님 얼굴 비로소 지는 해처럼 편안해지리.

木頭雕作小唐鷄 筋子拈來壁上棲

此鳥膠膠報時節 慈顏始似日平西

_오관산 (五冠山, 이제현)

시의 화자는 지는 해처럼 어머니가 더디 늙으시기를 바라고 있습니다. 누군가의 딸, 아들이라면 같은 마음을 느낄 테지요. 곰곰이 생각해 보면 엄마라는 사람은 닭이 꼬끼오하고 우는 새벽부터 해가 저무는 저녁까지 '나'와 함께 살아가는 유일무이한 존재인 것 같습니다.

저에게도 엄마는 가장 크게 느껴지는 사람입니다. 빛

나는 오후에도, 어둠이 깔린 밤에도 제 곁을 묵묵히 지켜주셨지요. 자기 자신이 단단하지 않으면 타인을 품을 수도 지켜줄 수도 없기에 '엄마는 위대하다.'라고 불리는 듯합니다. 그러나 엄마도 단지 사람이었다는 것을 최근에서야 깨달았습니다. 너무 늦게 알게 된 것이지요.

우리 모녀는 가끔 책꽂이에 꽂힌 앨범을 펼쳐 보곤 합니다. 저의 어린 시절이 담긴 사진과 부모님의 결혼사진, 우리 다섯 식구의 가족사진들을 한 장 두 장 바라보고 있노라면 우리가 만난 시간이 꽤 흘렀다는 사실을 알게 되지요.

그러던 어느 날, 엄마는 한 번도 보여주지 않았던 당신의 어렸을 적 앨범을 꺼내오셨습니다. 그곳엔 엄마의 돌사진부터 20대 청춘이 담긴 사진까지 모두 들어 있었습니다. 엄마의 유년 시절 사진은 제 어릴 적 모습과 똑 닮아있더군요. 저와 엄마의 어릴 적 사진을 함께 보며 한참을 웃기도 했네요. 20대의 엄마는 꽤 멋쟁이셨던 것 같습니다. 누구보다 세련된 패션을 선보이고 있으셨거든요. 엄마의 패션 센스를 닮지 못한 게 아쉬울 정도였네요. 그렇게 사진을 보고 있는데 문득 이런 생각이 들었습니다. '엄마도 나처럼 소녀일 때가 있으셨구나.'하고 말이죠. 친구들과 어울리길 좋아하고 옷에 관심이 많은 지금의 저처럼, 엄마께도 20대의 청춘이 있으셨던 것이었죠. 무엇이 엄마를 엄마이게끔 만들었던 걸까요.

특히 투병 생활을 하며 엄마라는 사람을 가슴속 깊이 느꼈던 것 같습니다. 언제까지고 강하고 단단하게 보였던 엄마가 눈물을 흘리는 모습을 보이신 건 처음이었거든요. 첫 항암치료를 받던 날이었습니다. 저는 경험해 보지 못한 부작용에 몸부림을 쳤었지요. 5분에 한 번씩 토해댔고 음식 냄새만 나도 헛구역질이 올라왔습니다. 입안은 다 헐어서 물집들이 잡혔고 머리카락은 숭숭 빠져서 힘없이 떨어져 나갔죠. 고통스럽고 속상해서 엄마 앞에서 "항암 받는 게 힘들다."라고 울부짖었네요. 지금 생각해 보면 이보다 나쁜 말도 없는 것 같습니다. 이런 제 모습을 보는 엄마의 마음은 얼마나 아팠을지, 그때는 생각하지 못했거든요. 엄마는 화장실에 가서 수도꼭지를 틀어놓고 남몰래 눈물을 흘리셨습니다. 우는 소리가 새어 나갈까 숨죽여 우셨지만, 조금씩 들리는 울음소리에 저도 같이 눈물을 흘릴 수밖에 없었습니다.

이후 저는 '엄마를 생각해서라도' 씩씩하게 이겨내야겠다는 다짐을 했었지요. 하루도 빠짐없이 제 옆에서 간호해 주신 엄마를 위해서라도 견뎌내지 않으면 안 된다는 생각이 들었거든요. 그렇게 엄마의 사랑 아래서 저는 무사히 치료를 마칠 수 있었습니다. 그 기나긴 시간 동안 엄마께서는 저를 위해 힘들지 않은 척하셨던 것 같습니다. 치료가 다 끝나고 나서야 이를 깨달을 수 있었지요.

뱃속에서부터 지금까지 엄마와 함께 인생을 걸어온 지도 어언 25년이 흘렀습니다. 그동안 이런저런 일도 많았지만, 엄마는 언제나 저를 믿어주고 사랑해 주셨던 것 같습니다. 당신의 커다란 품속에서 어느덧 저는 어엿한 청년이 되었습니다. 당신께서는 하늘의 뜻을 안다는 50대를 보내고 계시지요. 당신의 얼굴에도 주름이 하나둘 새겨지는 것을 보니 시간은 우리를 속이진 못하는 듯합니다. 또 한편으로는 주름의 개수만큼 고난들을 이겨내셨다고 생각하니 한없이 우러러 보이기도 합니다.

앞으로도 우리는 헤쳐 나가야 할 산이 많겠지요. 그러나 이제는 제가 엄마를 지켜드리고 싶습니다. 엄마를 한없이 사랑해 보고 싶거든요. 엄마가 제게 주신 사랑에는 발끝도 못 따라가겠지만요. 여전히 응석받이처럼 어리광 부리는 저지만 엄마에게 소소한 웃음을 주는 딸이었으면 좋겠습니다. 마지막으로 쑥스러워 건네지 못했던 말을 글로나마 남기고 싶습니다.

엄마, 저의 엄마가 되어주셔서 정말 감사합니다. 언제나 사랑해요.

이제야 추억할 수 있네

　오랜만에 안부를 묻습니다. 잘 지내고 계신가요? 계신 곳의 날씨는 어떠신가요? 여기는 한 여름의 햇살이 사납게 쪼아대는 통에 절로 땀이 삐질 나는 날씨입니다. 이런 날씨에 무슨 바람이 불었을까요. 얼마 전 문득 대청소를 해야겠다는 생각이 들었습니다. 구석구석 쓸고 닦고, 서랍 속 잡동사니를 정리하던 중에 당신의 흔적을 마주하고 말았습니다. 하얀 종이에 적힌 2019라는 숫자. 그제야 당신을 떠나보낸 지 3년이 지났다는 것을 깨달았습니다.

　당신은 알고 계신가요? 사실 저는 당신을 많이 미워했습니다. 동시에 사랑하고 감사하기도 했습니다. 그래서 당신을 바라보는 나의 시선은 항상 복잡하고 어지러웠습니다. 복잡함은 당신의 기억이 흩어질수록 더 커져만 갔습니다. 어머니에게 소리치고 험한 말을 쏟아내는 모습에 한껏 미웠다가도, 우리 손자 왔냐 토닥이는 손길에 사랑을 느꼈기 때문입니다. 가끔은 차라리 당신이 나를 잊었다면 온전히 미워할 수 있을 텐데 왜 기억해서 이렇게 힘들게 하는지 원망하기도 했습니다.

그렇게 복잡한 마음이 가득해서일까 나는 당신을 멀리하기 시작했습니다. 아니 어쩌면 당신을 짐처럼 생각했을지도 모르겠습니다. 그런 상황이 오랜 기간 지속되어 무감각해질 때쯤 결국 당신은 병원에 입원하였고 또 당신에게 무심해져 갈 때쯤 전화가 울렸습니다. 당신이 위급하다는 전화가. 이때도 '별일 아니겠거니.'라는 생각에 귀찮다는 생각이 들었지만 왠지 꼭 가야 할 것 같았습니다. 그 결정이 얼마나 다행인지 모릅니다. 그날 당신이 떠나셨으니까요.

당신이 우리를 두고 가신 후, 다들 많이 울었습니다. 강인해 보이던 아버지마저도 이별이 슬프셨는지 많이 우셨습니다. 당신이 그렇게 미워하셨고 고생시키셨던 어머니도 서럽게 우셨습니다. 바보 같다고 생각했습니다. 자신을 그렇게 미워하고 고생시킨 사람이 뭐가 좋다고 저렇게 우는지. 그렇게 생각했지만 사실 나도 울었습니다. 당신에 대한 죄책감인지, 당신이 떠난 사실이 슬퍼서인지 그냥 눈물이 나왔습니다. 그렇게 펑펑 울었지만 마음은 이상하게도 무감각했습니다. 그 마음은 결국 또 다른 자책으로 이어져 나를 힘들게 하곤 했습니다.

그 후 당신은 나에게 금기가 되었습니다. 당신이 떠오

를 때면 미워하고 싫어했던, '차라리 빨리 가시는 게 편한 거 아닐까.'라는 새까만 마음들을 마주해야 했기 때문입니다. 하지만 동시에 당신이 날 쓰다듬었던 손길, 집밥이 지겹다는 투정에 끓여주셨던 물 많은 라면, 당신의 손을 잡고 함께 갔던 대전, 당신이 베풀었던 사랑을 잊고 싶지 않았습니다. 그래서 당신의 마지막 흔적인 사망진단서를 제 서랍 맨 구석, 굳이 꺼내지 않으면 보지 못하는 그 공간에 고이 접어두었던 것 같습니다.

그리고 3년이 지났습니다. 잊고 있던 당신의 마지막 흔적을 다시 마주했습니다. 하지만 옛날처럼 걷잡을 수 없는 마음이 몰아치지는 않았습니다. 그저 마음이 살짝 아릿하고 조금 슬퍼졌습니다. 낯설었습니다. 당신을 떠올려도 괜찮다는 사실이. 그 사실을 한껏 낯설어하다 문득 최근에 알게 된 시 한 편이 떠올랐습니다.

밤 깊고 달빛도 인가를 반쯤 비치거니와

북두는 나란할 사 남두는 비꼈어라.

오늘 밤에 유독 따스해진 봄기운을 알겠으니

벌레 소리 새로 푸른 깁창 뚫고 오누나.

更深月色半人家 北斗闌干南斗斜

今夜偏知春氣暖 蟲聲新透綠窗紗

_달밤 (夜月, 유방평)

궁금했습니다. '이 시 속 인물은 어떤 연유로 늦은 밤까지 잠들지 못하다 뒤늦게 봄기운을 느낄 수 있었을까.' 하고요.

이제야 깨닫습니다. 시 속 인물은 늦은 밤까지 잠 못 들게 했던 그것에 침잠했었지만 결국 떠올라 봄기운을 느꼈습니다. 저도 같습니다. 당신에 대한 슬픔에 침잠하다 이제야 당신을 추억할 수 있게 된 것입니다. 그리고 깨닫습니다. 당신이 떠난 날의 무감각, 당신을 금기로 생각했던 그 시간들은 내가 슬픔을 받아들일 준비가 되어 있지 않았기 때문입니다.

당신이 떠난 후 여러 밤이 지났습니다. 그 밤들이 지나 겨우 오늘 밤에야 따스해진 봄기운을 알겠습니다. 이제야 당신이 없음에 온전히 슬퍼하고 추억할 수 있을 것 같습니다. 이제야 이렇게 당신에게 보내는 이 편지를 적을 수 있겠습니다.

긴 시간이었습니다. 그 많은 날을 떠올리지 않으려 노력했습니다. 하지만 이제는 당신을 추억할 수 있겠습니다. 그리고 이제야 받아들일 수 있습니다. 저는 당신을 참 많이 미워했습니다. 그리고 저는 당신을 참 많이 사랑했습니다. 당신의 사랑에 참 많이 감사했습니다.

당신이 참 많이 보고 싶은 밤입니다. 부디 당신께서 새로 푸른 깁창을 뚫고 내 꿈에 나타나 주시길. 꿈에 나타난 당신에게 꼭 말하고 싶습니다. 미안하다고, 감사하다고, 그리고 사랑한다고.

그리움을 보내며

주룩주룩 비가 내리는 밤이면 당신이 떠오릅니다. 우리가 헤어지던 날도 비가 많이 내렸었죠. 당신이 마지막을 말하던 순간, 나는 그 무엇도 할 수가 없었습니다. 단지 앞으로의 행복을 빌어주는 것, 나보다 더 좋은 사람을 만나길 바라는 것이 전부였을 테죠. 꽤 오랜 시간 동안 나는, 당신을 그리워했던 것만 같습니다. 추억은 아무런 힘이 없다지만, 그 추억들 속에서 헤어 나오지 못했으니까요. 어쩌면 나는 지금까지도 그때의 기억에 파묻혀 있을지도 모르겠습니다.

산과 강이 겹겹 막혀 더욱 슬픔 감내하랴
고개 돌려본 하늘가, 때는 열 둘이라.
적막한 산사 창으로 달빛도 밝은 밤이어니
그리움 하나 가시자 다시 그리움 하나라네.
山川重隔更堪悲 回首天涯十二時

寂寞山牕明月夜 一相思了一相思

_그리운 임 생각 (懷人, 청학)

　조선의 승려였던 청학은 한시 〈회인(懷人)〉에서 누군가를 그리워하는 마음을 노래하고 있습니다. 어렴풋이 떠오르는 이를 사무치게 그리워하는 어느 달밤의 이야기지요. 저 역시 왠지 모르게 밤이 찾아오면, 옛 생각이 많이 나는 것만 같습니다. 그럴 때면 캄캄한 어둠 속에서 추억에 기댄 채 후회와 미련으로 새벽을 지새웠지요.

　그리움에 묻힌 어느 밤, 문득 이런 생각이 들었습니다. 내가 그리워하는 건 무엇일까 하고 말이죠. 당신을 그리워하는 것인지 아니면 그때 그 순간을 그리워하는지를 잘 모르겠더군요. 나름대로 내렸던 결론은 '그때의 당신'이 그립다는 것이었습니다. 누군가로도 대체될 수 없는 '당신'을 떠올리면서도 한편으로는 '그때'의 당신은 더 이상 없으므로, 내가 그리워하는 대상은 '이제 존재하지 않는다'가 답이었을 테죠.

　말은 이렇게 했지만, 나는 아직도 당신의 흔적을 완전히 지우지는 못한 것만 같습니다. 그때의 기억이 사라지는 게 아니라 무뎌진다는 말이 이런 이야기겠지요. 함께 들었던 노래가 길에서 우연히 들려올 때마다, 같이 보았던 영화를 홀로 다시 볼 때마다, '우리'의 여행지를 다른 사람과 가게 될 때마다 여전히 그 시간들이 드문드문 떠오르는 것만 같습니다.

특히 제게 학교라는 공간은 과거의 시간들로 덧칠된 곳이지요. 흔히 말하는 캠퍼스 커플이었거든요. 수업을 함께 들었던 강의실, 공강 시간에 서로가 좋아하는 책을 빌려봤던 도서관, 벚꽃이 만개했던 체육관 앞길 등 어디를 가든지 간에 당신이 있어서 생각하고 싶지 않아도 생각이 나는 것만 같습니다.

다행인 건 지금은 시간이 꽤 흘러서 그런지 눈물이 나진 않는 것 같습니다. 멋모를 적 열렬히 사랑을 나누었던 그 시간에 옅은 미소를 지을 수 있게 됐으니 말이죠. 쓸쓸한 나날들 속에 떠올릴 사람 있다는 것, 마음속에 품어두는 추억거리 하나 있다는 것, 지금의 나의 한 부분을 이루게 해주었다는 것. 이것만으로도 마음이 가득 차는 듯합니다.

어느덧 저는 학부 4년의 끝자락에 와있습니다. 새봄이 찾아오기 전에 졸업을 맞이하게 될 테죠. 그래서인지 요즘 들어 당신을 떠올리는 시간이 좀 더 잦아진 것 같습니다. 그땐 그랬지 하며 생각을 곱씹고 있거든요. 당신이라면 어련히 잘 지내고 있겠지만 그래도 언젠가 한 번 마주치게 된다면 그동안의 이야기를 나눠보고 싶네요. 그러면서 이 이야기를 꼭 전해주고 싶단 생각이 듭니다. 좋은 기억으로 남게 해줘서 고마웠다고, 앞으로도 당신이 행복하길 바란다고 말입니다.

그리움으로 점철됐던 나의 과거를, 당신에 대한 기억을, 우리의 추억을 떠나보내며, 이 글을 마칩니다.

2022년 어느 겨울에 씀.

마음이 변할까 걱정하지마

　어떻게 시작해야 하나, 어떤 말을 써야 하나 생각하고 또 생각했습니다. 좀 더 세련되고 어여쁜 문장으로 편지를 시작하고 싶어 그리 많은 생각을 했었지만 결국은 어설프게 시작하고 말았습니다. 당신은 이렇게 시작하는 편지가 나다운 편지라 생각하실지도 모르겠습니다. 당신 앞에만 서면 나는 어수룩하고 서툰 사람이 되곤 하니까요. 나의 그런 모습에 미소 짓곤 했었는데 어설픈 이 문장들도 당신에게 웃음이 되면 좋겠습니다.

　생각해 보면 당신과의 첫 만남은 참 특별합니다. 부산에 살고 있는 우리가 그 멀리 떨어진 서울에서 출장으로 만나게 되었다니…. 심지어 당신은 첫 출근이었는데 말이죠. 당신과의 특별함을 회상하다 보면 '인연이라는 것이 정말 있을지도 모르겠다.'라는 생각에 이르곤 합니다. 그리곤 새삼 깨닫습니다. '생각도, 습관도, 가치관까지도 많이 닮아있구나.', '우린 인연이구나.' 하고요.

조금 더 이야기하자면, 장난 코드까지 잘 맞는 당신을 볼 때면 신기하곤 합니다. 콜라를 쏟았다고 서로 얼굴 빨개질 때까지 웃고, 어디선가 배운 썰렁한 농담을 잔뜩 해버리면 정색하는 척하다 다시 같이 웃어버리고, 길을 걷다 보이는 간판을 형편없이 읽다가 웃어버리고, 툭 던진 장난을 툭 받는 당신 모습에 또 웃어버립니다. 그래서 인연이라고 생각합니다. 재미없고 진지한 나를 누구보다 개그 욕심이 많은 사람으로 만들어버리니까요.

그래서 당신의 이야기에 걱정이 앞섰습니다. 너무 큰 행복을 느끼면 언젠가 행복이 깨어질까 봐 두려운 것처럼, 정말 행복하지만 도리어 내 마음이 변할까 봐 두렵다고 했었죠. 잠시 지나가는 불안이라 생각했습니다. 하지만 종종 불안해하는 당신을 보며 잠시 지나가는 것이 아닐지도 모르겠단 생각이 들었습니다. 그때부터 많은 고민을 하고 있습니다. 어떻게 하면 당신이 불안해하지 않을까, 어떻게 하면 내가 느끼는 안정감을 당신이 느낄 수 있을까.

그러다 문득 당신의 미래가 어떨지 그려보게 되었습니다. 그때도 여전히 콜라를 쏟고도 얼굴이 빨개지도록 웃을까, 여전히 서로 바라보며 장난치고 또 크게 웃을까. 아마 그때도 저는 당신에게 톡 장난을 던지고 당신은 장난이 귀찮은 척, 툭 받으며 웃고 있겠죠. 그래서 당신에게 이 시를 선물하고 싶어졌습니다.

모란이 머금은 이슬 진주알이러니

미인이 꺾어 들고 창 앞으로 지나네.

웃음 띠고 신랑에게 묻는데

"꽃이 예뻐요 내 모습이 예뻐요."

신랑은 일부러 골리면서

억지로 꽃이 예쁘다고 대답했네.

미인은 꽃이 낫다는 데 뾰로통하여

꽃가지를 길에다 밟고 뭉개더니

"꽃이 만일 나보다 낫다면

오늘밤은 꽃과 같이 주무세요."

牧丹含露眞珠顆 美人折得窓前過

含笑問檀郎 花强妾貌强

檀郎故相戱 强道花枝好

美人妬花勝 踏破花枝道

花若勝於妾 今宵花同宿

_꽃을 꺾어 들고서 (折花行, 이규보)

부인의 질문에 장난기 가득한 표정으로 꽃이 더 이쁘다고 하는 남편의 모습. 지금, 그리고 미래의 우리 모습과 닮아있는 것 같지 않나요? 아마 시 속의 남편도 부인에게 많은 장난을 쳤을 것 같습니다. 그 장난에는 부인을 향한 사랑이 가득 담겨 있겠죠. 우리도 마찬가지일 겁니다. 저는 10년 뒤에도, 20년 뒤에도, 이상한 성대모사로 당신을 미소 짓게 만들고, 흰옷에 커피를 쏟아도 서로 박장대소할 겁니다. 이 시의 남편과 아내처럼 말이죠. 아마 남편은 바로 부인에게 달려갔을 겁니다. 본인의 말은 그 말이 아니라고 허둥지둥거리며 부인을 달래주기 위해서. 그러면 부인은 못 이긴 척 마음을 풀고 같이 웃으며 다시 꽃을 보러 가겠죠.

　당신. 세상의 모든 것은 변한다고 합니다. 계절이 변하듯 변하는 게 세상 이치라고 합니다. 다만 그건 모두 겉모습일 뿐입니다. 본질을 둘러싼 겉모습만 변할 뿐 그 속에 있는 본질은 변하지 않습니다. 우리도 그렇습니다. 시간이 흐를수록 설렘 가득했던 모습이 편안하고 포근한 모습으로 변해가겠죠. 하지만 서로 사랑한다는 본질은 변하지 않습니다. 지금도, 미래의 그때도, 우리는 본질은 똑같은, 한결같은 마음으로 사랑하고 있을 겁니다. 그러니 너무 불안해하지 마시길. 지금도 그때도 당신이 불안하지 않도록 노력하겠습니다. 먼 미래의 그날, 당신이 꽃이 이쁜지, 당신이 이쁜지 물어본다면 '도첩모호(道妾貌好)' 라고 이야기하며 웃을 수 있도록.

이제 떠나는 내 동생

너와의 가장 첫 기억은 계곡에서 일어난 일인 것 같아. 동네 친구들과 함께 계곡으로 놀러 갔던 그날, 친구가 물수제비를 뜬다고 던진 돌이 잘못 날아가 너의 이마에 부딪혔었지. 그때 피 흘리는 널 보며 놀란 나머지 펑펑 울었어. 아마 그 울음은 너에 대한 걱정 반, 같이 갔음에도 불구하고 널 챙기지 못했다는 죄책감 반이었던 것 같다.

생각해 보면 너와 함께했던 추억들이 많아. 널 괴롭힌다는 남자애를 찾아간 적도 있었고 모험이랍시고 동네 친구들과 함께 마을 여기저기를 들쑤시고 다니기도 했었지. 지금은 기억나지 않는 이유로 다투고 며칠 동안 말을 하지 않은 적도 있었고, 친구와 다투고 들어와 우는 널 달래주기도, 술을 과하게 먹고 들어와 혼낸 적도 있었어. 이런 추억들을 되새기다 보니 너는 동생이면서도 나의 가장 오래된 친구인 것 같기도 하네.

너에게 미안한 점도 많아. 어른들은 나에게 장남이라

는 이름의 책임감을 심어 주셨지만, 같은 이유로 더 챙겨 주곤 했으니까. 둘째인 너는 많은 걸 양보해야 했고 섭섭할 상황들도 많이 겪었어. 심지어 내 이름은 기억하시면서 너의 이름은 기억 못 하시는 어른도 계셨지. 하지만 너는 그런 상황들을 아무렇지 않게 넘기곤 했었어. 속으론 상처받았지만, 그때마다 괜찮다고 이야기하는 모습에 괜히 내가 더 미안했어. 그래서 더 장난을 걸었던 것 같아. 나만의 방식으로 보낸 사과랄까. 아마 너는 몰랐을 거야. 미안한 감정을 담은 오빠의 서툰 사과라는 걸.

그보다 더 어린 시절에는 너를 몰래 미워한 적도 있었어. 너를 더 챙겨주고 이쁨받는다는 생각에 질투 나기도 했었고, 너의 툭툭 던진 말들로 상처받을 때면 화가 나기도 했었지. 그리고 할머니가 돌아가신 그날. 늦게 온 널 이해할 수 없었고 그래서 미워했었어. 이제는, 조금은 자란 이제야, 그게 그저 너의 말투고 너만의 사정이 있었다는 걸 이해할 수 있게 된 것 같아. 어쩌면 힘든 시기에 미워할 대상이 필요했고 그 대상이 가까이 있는 너였던 건지도 모르겠다.

아마 올해 초였을 거야. 네가 결혼하고 싶다는 이야기를 한 건. 오래 사귄 남자 친구와 결혼 이야기가 오갔다는 것은 알고 있었지만 새삼 놀랐었어. 어리게만 보였던 네가 벌써 결혼이라니. 새삼 네가 어른이라는 생각에 낯선 기분이 들었어. 그 후 상견례를 하고, 결혼식장을 알아보고, 웨딩 사진을 찍고, 신혼집도 알아보더니 이제는 청첩장을 주는 널 보며 이제야 실감하게 되었어. 그래. 정말 네가 떠날 때가 된 것 같네.

사실 결혼은 따로 살게 되는 것일 뿐 별반 달라질 것은 없다고 생각했었어. 하지만 결혼이 얼마 남지 않았다는 생각이 들자, 이별 아닌 이별이라는 생각이 들어. 나에게 이별이지만 너에게는 새로운 시작인 만큼 축하 선물이라도 주고 싶어서 이리저리 생각을 많이 했어. 하지만 결국 준비한 건 시 한 편이야.

천리 먼 고향 만겹 봉우리 저쪽이라
돌아가고 싶은 마음 늘 꿈길에 있네.
언제나 다시 임영 가는 길을 밟아서
비단 색동옷 입고 슬하에서 바느질할까나.
千里家山萬疊峯 歸心長在夢魂中
何時重踏臨瀛路 綵服斑衣膝下縫
_어버이를 그리워하며 (思親, 신사임당)

너에게 편지를 통해 보내는 이 시는 신사임당의 〈사친 (思親)〉이라는 시야. 이미 느꼈겠지만, 시에는 멀리 떨어진 고향과 부모님을 그리워하는 마음이 가득 담겨 있어. 이

걸 선물하는 이유는 아마 너에게도 언젠가 이런 순간이 찾아올 것이기 때문이야.

결혼이란 부모님의 품에서 떠나 둘만의 가정을 만드는 것이라고 생각해. 이제는 많은 일들을 오롯이 둘이서 해결해 나가야겠지. 앞으로 네가 겪어야 하는 일에는 좋은 일들도 있겠지만 힘든 일도, 슬픈 일들도 많을 거야. 때로는 그런 일들에 지쳐서 쉬고 싶다는 생각이 간절해지기도 하겠지. 그때 다시 이 시를 꺼내 봤으면 좋겠어. 이 시의 화자가 이야기하는 감정이 너무나도 공감될 때, 신사임당의 마음이 누구보다 이해가 되는 그 순간이 온다면 그때는 잠깐 모든 걸 내려놓고 고향으로 와. 네가 마음 편하게 있을 수 있는, 슬하에서 잔뜩 투정 부리고 힘들다고 이야기해도 모든 걸 들어주고 토닥거려주시는 부모님이 계신 이곳으로. 장난이라는 이름으로 위로를 건네는 내가 있는 곳으로. 언제나 있을 수 있는 이곳으로. 이곳에서 마음 놓고 푹 쉬렴. 그리고 그렇게 새로이 나아갈 힘을 충전하고 네가 있어야 할 그곳으로 다시 돌아가렴.

나보다 훨씬 똑 부러진 너는 분명히 잘 살겠지만, 꼭 해주고 싶은 말이었어. 나는 위로 받을 수 있는, 돌아갈 곳이 있다는 사실에 마음의 위안을 받곤 하더라. 어쩌면 결혼을 앞둔 너의 마음이 걱정되고 싱숭생숭할 수도 있겠다는 생각이 들었거든. 혹시나 걱정된다면 이 편지가 너에게 위안이 되면 좋겠다.

  나보다 앞서 정말 성인이 되는, 결혼이라는 이름으로 둘만의 새로운 시작을 앞둔 내 동생. 정말 축하하고 언제나 앞날에 행복이 가득하길 바랄게. 그럼 항상 여기, 네가 돌아올 수 있는 이곳에서 이만 줄일게. 그럼 사....사.....사는 동안 많이 벌거라, 내 동생.

어쩌다 마주친 그대들

산빛이며 물물마다 봄빛이 뛰놀거니

구름 엷게 끼었다고 돌아갈 생각일랑 마오.

활짝 개어 비가 올 기색 없다해도

구름 깊은 곳 들어서면 옷자락이 젖는다오.

山光物態弄春暉 莫爲輕陰便擬歸

縱使晴明無雨色 入雲深處亦沾衣

_산중에 찾아온 벗을 머물게 하다 (山中留客, 장욱)

올해로 10년째 알고 지낸 친구들이 있습니다. 중학교
1학년 신입생이었던 시절에 같은 반에서 만나 지금까지
도 마음을 나누는 친구들입니다. 10년 정도를 알고 지내
니 이제는 좋아하는 연예인이나 만화와 같은 취향에서부
터 말투, 생각까지도 겹치는 부분이 많아 서로 놀라고는
합니다. 비슷한 애들끼리 모여 이리 된 것인지, 모여서
지내다 보니 비슷해진 것인지, 따질 수는 없지만 어찌 되

었든 신기한 일이지요. 학창 시절에 이 모임에 붙인 이름이 '어쩌다 마주친 그대'입니다. 기억이 흐릿하지만, 누군가 국어 시간에 저런 말을 주워듣고 카카오톡 단체방 이름을 바꿔 놓았던 것이 시작이었을 것입니다. 어쩌다가 이 넓은 세상에서 같은 학교와 반이 되었는지, 또 어쩌다 보니 이렇게 친해져 오랜 시간을 공유했는지, 옷깃만 스쳐도 인연이라는데 오랜 친구라는 연은 얼마나 얼기설기 얽혀있는 것일까요?

평소엔 밖에 나가 누굴 만나거나 술을 마시는 걸 그다지 좋아하지 않는데, 이 친구들과는 당일에도 갑자기 약속을 잡아 만나 긴장감 없이 대화하고는 합니다. 성격이 내향적인 저로서는 부담 없이 만나서 지지고 볶을 친구들이 이 어쩌다 마주친 그대들뿐이라, 한 번 만나면 끝까지 간다며 친구들을 붙잡고 여기저기 다니고는 합니다. 그렇기에 '막위경음변의귀(莫爲輕陰便擬歸)'라는 이 구절에서는 아주 익숙한 제 모습이 떠오릅니다. 저 또한 내일 "아침 수업이 있다."라거나, "오늘 날이 너무 덥다."라고 하는 친구에게 곧잘 "겨우 그거로 나를 버려두려고?"라며 장난스럽게 말하고는 했거든요. 저 또한 누군가 비가 온다며 자리를 뜨려고 했다면, 그깟 가벼운 비에 젖는 것이 뭐가 대수냐며 소리쳤겠지요.

그러나 이래저래 살아가다 마음에 먹구름이 끼는 날들

은, 이리 가볍게 넘길 수 없는 것이 사실입니다. 내일 비가 올지, 모레 비가 올지 하늘만 멍하니 올려다보며 축축한 마음을 달래야 하는 날들 말입니다. 젖는 것이 무서워 잔뜩 예민해진 신경으로 살아가다 보면, 내 주변에 서 있는 사람들을 놓치는 법입니다. 지금은 이리 친한 친구들도 사실 고3 입시를 지나던 시점에는 자주 다투고 연락도 끊어지곤 했습니다. 그래서인지 그 시기를 회상할 때마다 '성인 되고는 다시는 안 볼 줄 알았다'는 말을 나누곤 합니다. 대한민국의 고3들이 다들 그러듯 그때는 대학, 그것이 세상 제일 중요한 일이어서 조급함에 어두운 하늘만 쳐다보고 있었던 것 같습니다. 막상 지나고 보니 옷깃만 젖을 가랑비인 것을, 더 중요한 인연을 챙기지 못한 채로 말입니다.

걱정이 많은 세상입니다. 앞으로도 먹구름이 잔뜩 낀 날들을 여러 번 마주하게 되겠지요. 스쳐 지나가기만 할까, 머리 위로 쏟아져 내릴까, 만약 잠겨버릴 정도로 내리면 어떻게 하나 근심하며 몇 날, 며칠을 고민하겠지요. 그러나 먹구름만 쳐다보며 근심 가득해 돌아갈 길을 재촉한다 하더라도 과연 무엇이 바뀌겠습니까? 어차피 세상은 먹구름투성이인 것을요. '입운심처역첨의(入雲深處亦沾衣)', 이 구절은 제게 이리 다가옵니다. 구름 속에 들어 깊어지면 또한 옷이 젖는다고, 사실 삶 또한 깊이 들어가

몰입해 보면 슬프지 않은 일이 없습니다. 인생은 멀리서 보면 희극이고 가까이서 보면 비극이라는 말처럼요. 버스 정류장에 앉아 있는 굽은 등의 노인도, 어딘가에서 울고 있을 다친 아이도, 세상은 여기저기 추적추적 내리는 비에 젖어 들어가고 있습니다. 내가 앉아 있는 곳은 맑아도 세계 어딘가에서는 언제나 비가 내리고 있겠지요. 그렇다면 어떻게든 살다 보면 젖게 되는 것을, 날씨 잠깐 흐리다고 친구 홀로 남겨두고 돌아가지 말고, 함께 비가 얼마나 내릴지나 내기를 걸어보면 재미라도 있을 것입니다. 가랑비면 후다닥 뛰어가고 소나기면 잠시 같이 비를 피하면 될 테지요. 설사 폭우가 내린다고 하더라도, 가방 하나 머리 위에 얹고 비 맞으며 집으로 같이 달려가던 중학교 시절처럼, 비에 쫄딱 젖은 친구 모습을 사진 찍으면서 깔깔 웃어대며, 그렇게 비구름을 넘어가도 될 것입니다. 그럴 수 있는 인연이 있다는 것만으로 먹구름 뒤의 햇빛을 기다리는 것이 길게 느껴지지 않겠지요. 감사할 따름입니다. 그리하여 어쩌다 마주치게 된, 어쩌다 친해지게 된, 어쩌다 십년지기가 되어버린 나의 친구들에게, 몰래 이 마음을 전하고 싶습니다.

함께 산을 올랐던 연에게

산길 가다 앉길 잊고 앉으면 가길 잊나니

말 걸음 솔 그늘에 멈추고 물소리를 듣노라.

내 뒤에 오던 몇 사람이 나를 앞질러 지나가나

각자 제 멈출 곳에 멈추리니 또 무엇을 다투리오.

山行忘坐坐忘行 歇馬松陰聽水聲

後我幾人先我去 各歸其止又何爭

_산을 오르며 (山行, 송익필)

　연, 수능이 끝난 겨울방학에 우리 갑작스레 등산 약속을 잡았던 적이 있었잖아요. 기억하고 있나요? 그 시기의 고3 학급에는 설명하기 힘든 분위기가 맴돌고 있었어요. 수시로 대학에 합격한 친구들은 벌써 사라지고, 정시 원서를 쓰는 친구들만이 상담을 위해 방학인데도 등교를 했었죠. 연과 제가 그중 하나였어요. 연은 성적도 우수하고 선생님과 친구들도 좋아하는 바른 학생이었습니다. 추운 날씨에 잎을 떨군 나뭇가지들이 유난히 쓸쓸해 보이는 날에, 우리는 담임 선생님과 상담을 위해 사람이 드문 등굣길을 올라갔습니다. 입을 열면 입김이 바로 나오는 몹시 추운 날이었어요. 연도 나도 기대했던 만큼 수능 성적이 나오지 않아 꽤 긴장하며 선생님을 찾아갔던 기억이 납니다. 재수를 결정한 친구 이야기, 수시에 붙어 벌써 여행 간 친구 이야기, '이게 무슨 의미가 있나!'는 자조 섞인 한탄 같은 걸 하다가, 분위기를 돌리려 제가 저번 겨울에 홀로 등산을 한 일을 꺼냈었지요. 그때, 그걸 듣던 연이 눈을 반짝이며 이번에는 같이 등산을 가자고 했었어요. 대학 입시요강 책자를 뒤지던 고3 여학생들과 등산은 뜬금없는 조합이었지만, 어쨌든 우리는 그렇게 산 정상을 보기로 두서없는 약속을 잡았습니다.

지금 생각해 보면 그때 우리는 우리의 인생이 어떤 방향으로든 이미 결정되었다는 걸 실감해서였는지, 어떤 식으로든 그 압박감에서 도망치고 싶었던 것 같습니다. 그래서 우리를 내려다보고 있는 학교 콘크리트 건물이나 숫자로 정의된 우리네의 학창 시절로부터 도망치듯이, 그렇게 느닷없이 산에 오르기로 약속했던 것 같아요. 연은 추운 날이면 재채기가 나는 알레르기가 있었던 기억이 납니다. 내가 그걸 보며 웃으며 걱정했던 것도 기억이 나요. 그런데도 우리는 추운 바람이 쌩쌩 부는 날 산길을 걷기로 했지요. 왜일까요? 연과 연락이 끊긴 지 벌써 3년이 되었는데 연과 산을 올랐던 기억은 생생하게 남아 있습니다.

우리는 버스를 타고 내가 어릴 때 할머니와 자주 오르던 산을 찾아갔습니다. 지나가는 길에 있던 할머니 집이나, 자주 지나쳤던 절이나, 표지판 같은 걸 설명해 줬던 기억이 납니다. 나에겐 그 길이 익숙하고 가끔 산길을 걷기도 했던 지라 괜찮았지만, 연은 적잖이 힘들어하기도 했어요. 중간중간 멈춰 적당한 돌 위에 올라 쉬기도 하고요, 화려한 등산복을 입은 할아버지에게 추월당하기도 했지요. 산길을 올라, 약수터를 지나, 산책로를 걷고, 정상으로 향하는 험한 길까지도 무턱대고 올랐습니다. 어떤 할아버지는 '그런 옷으로 여기 오르면 힘들다!'며 걱정해 주시기도 했어요. 우리는 그저 멋쩍게 웃으며 산을 올랐습니다. '후아기인선아거, 각귀기지우하쟁(後我幾人先我去, 各歸其止又何爭)' 이 구절은 우리가 걸었던 길을 그대로 옮겨 쓴 것 같아 웃음이 납니다. 정상까지 가는 동안 많은 사람이 우리를 스쳐 지나갔고 또 앞서가기도 했어요. 연과 나만 해도 그래요. 내가 앞장을 서기도 하고, 연이 앞장을 서기도 했어요. 내가 먼저 지쳐 멈추기도 하고 연이 먼저 쉬어가자는 말을 하기도 했습니다. 그러나 서로를 기다려주고 이끌어주며 결국은 같이 정상에 올랐어요.

우리를 앞서간 할아버지도 결국 정상에서 마주했지 않았나요? 참 재미있지요. 산을 오르는 사람들의 단상은 세월을 넘나드는 것 같습니다. 당연한 일일지도 모르겠네요. 말을 타고 서편을 전하던 시대를 지나 손가락 하나로 소식이 공유되는 세상이 올 때까지, 산은 변함없이 그 자리를 지키고 있었을 테니까요.

정상에 도착했을 때, 탁 트인 전망대의 풍경을 마주했을 때, 그때 느꼈던 해방감을 기억합니다. 연은 힘들다며 바로 의자에 드러누웠지만, 표정만은 참 속이 시원해 보였어요. 땅을 가로지르는 강줄기마저도 조그맣게 보이는 곳에서, 연은 어떤 생각을 했나요? 우리는 그때 10대와 20대, 청소년과 성인의 경계에 서 있었습니다. 그 경계에 서서 스스로가 실패했는지를 계속해서 가늠할 수밖에 없었지요. 그런데 산 정상에 올라 모든 게 작아 보이는 풍경을 내려다보니 뒤처지거나 앞서거나 하는 것이 아무 소용이 없어 보였어요. 겨울 방학식 전에 담임 선생님께서 해주셨던 말씀을 아직 기억하고 있을지 모르겠습니다. 지금 이렇게 같은 반에 같은 교복을 입고 있으면 구별이 되지 않지만, 사회에 나가보면 서로가 얼마나 다른지를 알게 될 것이라고 하셨지요. 그때 나는 어렴풋이나마 그 뜻을 깨닫고 있었다고 생각합니다. 실제로 교복을 벗고 나니 안 보이던 것이 보이기 시작했어요. 나의 출발

점이, 내가 타고난 것이, 가진 것이 너무나도 작고 보잘 것없이 보여서 서러워지기도 했습니다. 실제로 대학에 들어와 그런 생각에 잠겨 지냈던 적도 있었지요. 〈산행 (山行)〉을 읽으며, 연과 함께 정상을 봤을 때 느꼈던 감정을 다시금 곱씹어봅니다. 함께 봤던 그 넓고 복잡한 풍경 아래 수많은 사람이 돌아다니는 풍경을 상상했던 기억이요. 어떤가요? 현실의 조급함이나 걱정들이 이제는 귀엽게 느껴지지 않나요?

연, 이제 와서 내가 이렇게 추억을 들여다보는 것이 연에게는 적잖이 어색할지도 모르겠습니다. 어쨌거나 우리는 연락이 끊긴 지도 오래되었으니까요. 연은 이제 아마 졸업 학년이겠지요. 대학을 졸업하고, 초년생으로 사회에 나서면 우리는 또다시 헤매게 될지도 몰라요. 연과 기회가 된다면, 또 뜬금없이 갑작스럽게 산행 약속을 잡고 싶습니다. 우리 성인이 되면 학교 앞 파전집에서 막걸리 마시기로 한 약속 기억나지요. 내려오는 길에 들른다면 금상첨화겠어요. 부끄럽지만 이 편지가 전해지기를 바라며, 답신을 기다립니다.

선생님, 감사합니다

선생님. 자신보다 먼저 인생을 살아온 사람에게 붙이는 호칭이자 누군가를 가르치는 일을 하는 사람을 말하죠. 대개의 10대 소녀가 그러하듯 저 또한 중·고교 선생님들로부터 많은 영향을 받았던 것 같습니다. 교과 선생님들을 동경한 나머지 학창 시절 장래 희망이 선생님이었을 정도였지요. '선생님들처럼 나도 학생들을 위해 힘쓰는 사람이 되고 싶다.'고 생각했던 게 떠오르네요. 특히 사회 과목 선생님이 되어서 우리 대한민국의 사회를 올바르게 전하고 싶었죠. 지금은 선생님이라는 꿈과는 많이 멀어져 있지만 선생님들의 가르침은 여전히 제 마음속 깊이 남아 있습니다.

이러한 연유로 오늘은 제가 가장 존경했던 '선생님'에 관한 이야기를 풀어보려고 합니다. '나'라는 사람의 삶을 바꿔주신 은사님. 당신께 존경하는 마음을 한가득 담아 이 글을 써 내려가 봅니다.

그전에 잠깐. 제 이야기를 하기에 앞서 창계 임영의 한시 한 수를 먼저 보겠습니다.

반 이랑 방당에 비가 내리는데
치유에선 가르침이 상세하였지.
조충은 참으로 작은 재주이니
이제부터 문구 찾기는 거절하리.
半畝方塘雨 緇帷講誨詳
雕蟲眞小技 從此謝尋章
_정관재의 시에 차운하다 (次靜觀齋韻, 임영)

이 작품에는 창계가 스승 정관재의 가르침을 잊지 않겠다는 다짐이 드러나 있습니다. '방당'을 바라보며 언제나 초심을 잃지 않고 학업에 전념하겠다는 창계의 굳은 의지를 엿볼 수 있기도 하지요. 저 역시 학창 시절 선생님들의 가르침 아래서 공부를 해야만 하는 나름의 이유를 깨달았던 것 같습니다. '나'를 위해서가 아닌, 타인을 사랑하기 위해서 그리고 사회에 미약하게나마 일조하는 사람이 되기 위해서라는 걸 당신들께서 알게 해주셨거든요.

수많은 선생님을 만나 뵈었지만, 10여 년이 지난 지금까지도 잊히지 않는 선생님 한 분이 떠오릅니다. 질풍노도의 중학교 2학년을 보내고 있던 시기, 저의 담임 선생님이셨죠. 선생님의 담당 교과목은 '국어'였습니다. 선생님을 만나 뵙기 전까진 국어라는 과목에 흥미를 느끼지 못했던 것 같습니다. 시나 소설을 내재적 관점이니, 외재적 관점이니 하는 딱딱한 이론으로 접하는 게 재밌지는 않았거든요.

그런데 당신께선 조금 다르셨던 것 같습니다. 문학 작품을 작품 그 자체로 보게 하셨죠. 소설 속 주인공이 되어서 '나'는 그 상황에서 어떻게 행동했을까를 상상해 보기도 했고, 나만의 글로 결말을 재구성하기도 했으며, 흘려보내는 일상적 언어의 의미를 곱씹어보기도 했으니까요. 그때 처음으로 국어를 공부한다는 것이, 글을 쓴다는 것이 참으로도 재밌는 일이라는 걸 느끼게 되었던 듯싶네요.

그러던 어느 날, 선생님께선 제게 글쓰기에 소질이 있는 것 같다며 글을 계속 써보라고 하셨지요. 당신께선 격려의 한 마디로 말씀하신 것일지도 모르겠습니다. 그럼에도 저는 그때 이후로 더 좋은 글을 쓰고 싶은 마음에 매일 같이 도서관에 가서 책을 1권씩 읽기도 하고 집에서 쪽글을 끄적이기도 했었네요.

선생님을 존경하는 마음이 크다 보니 국어 성적도 자연스럽게 올랐지요. 좋아하는 선생님 과목을 더 열심히 하게 되는 게 당연지사이지 않을까요. 선생님의 기대에 부응하고자 글쓰기도 게을리하지 않았습니다. 고등학교에 올라가선 교내 백일장에서 장원을 수상했었거든요. 이 소식을 선생님께 가장 먼저 말씀드리고 싶었습니다. 선생님의 한마디가 지금의 저를 있게 해주셨다는 생각에서였죠.

시간이 흐르고 흘러서 저는 다시 글을 써 내려가고 있습니다. 거창한 일은 아니지만, 저의 투박한 글 몇 편이 책으로 나올 것만 같습니다. 글을 쓸 때면 언제나 선생님 생각이 떠오르네요.

끝으로 선생님께 쓴 편지로 글을 마무리하고 싶습니다. 제 마음이 선생님께 전해질 수 있길 간절히 바라봅니다.

***

선생님께

선생님, 안녕하세요. 저는 선생님의 제자입니다. 선생님께선 저를 기억하지 못하실 수도 있지만, 저는 10년이 지난 지금도 선생님의 인자한 미소가 새록새록 떠오르는 것만 같습니다.

사실 저는 꽤 오래도록 선생님을 동경했던 것 같아요. 커피를 마시지 않는다는 선생님의 신조가 멋져 보여서 저 또한 지금까지도 커피를 마시지 않는 데다, 쉬는 시간마다 고고하게 독서하시는 모습을 보곤 저도 선생님처럼 책 읽는 어른이 되어야겠다고 생각했었거든요. 선생님만큼은 아니겠지만 저도 책 읽는 건 게을리하지 않으려고 노력하고 있습니다.

 내신 성적, 교우관계 등으로 혼란스러워했던 그때의 저를 바로잡아 주셔서 정말 감사했습니다. 선생님께서 늘 하셨던 말씀처럼 모든 것은 지나가더라고요. 생각보다 시간이 해결해 주는 일들이 참으로도 많다는 것을 더욱이 느끼는 요즘입니다.

수능을 앞두곤 선생님께선 제게 수능을 잘 보고 오라며 카톡을 남기셨지요. 그때 얼마나 기쁘고 행복했는지 모릅니다. 누군가에게 잊히지 않는 존재가 된다는 건 행복한 일이니까요. 더군다나 제가 가장 존경하는 선생님의 카톡이라니! 결과가 엄청 좋지는 않았지만, 선생님 덕분에 무사히 치르고 올 수 있었던 것 같아요. 감사했습니다, 선생님.

최근 몇 년간 이러저러한 일로 선생님을 찾아뵈러 가지 못했네요. 다가오는 봄엔 꼭 찾아뵈러 가겠습니다. 선생님의 현재 모습도 궁금하고 들려드리고 싶은 이야기도 많거든요. 그때까지 언제나 건강 조심하셨으면 좋겠어요.

마지막으로 이 말씀을 꼭 드리고 싶었어요.

선생님, 늘 한결같은 모습으로 저를 지지해 주셔서 감사했습니다. 선생님의 북돋움이 없었더라면 저는 지금까지도 글 쓰는 게 무서웠을지도 모르겠습니다. 감사하다는 말로는 부족할 만큼 감사합니다. 선생님, 저는 앞으로도 선생님을 잊지 못할 것만 같아요. 사랑하고 감사했습니다.

찬 바람이 불어오기 시작한 2022년 겨울,

제자 올림

***

3장

———

누군가의
깊은 한숨

뜻대로 되지 않는 세상들

얼마 전 훅훅 찌는 더위에 근처 백화점으로 대피하던 찰나였지. 그때 한 남자가 그 더운 여름에도 긴 팔 상의를 입고 지나가더라. 그래서 문득 여름에도 긴 팔을 고수하던 네가 떠올라 이렇게 몇 자 적어본다. 평소에도 연락을 잘하지 않던 나였지만 그동안 더 연락을 못 했다는 것을 이제야 깨닫게 되네.

최근 네가 메신저에 올린 대화명을 봤어. 삶이 힘들다고, 세상일이 마음대로 되지 않는다는 푸념을 보고 많이 걱정되더라. 아마 너의 그 푸념은 일전에 이야기하던 그 일들 때문이겠지? 너를 함부로 대하는 무례한 손님들과 가벼운 마음으로 일터를 스쳐 지나는 신입 직원들로 무척이나 힘들어하던 네가 생각나네.

그래. 생각해 보니 네가 가장 고민했던 건 상사와 관련된 일이었다는 게 기억나. 사람은 좋지만 업무적으로는 잘 맞지 않아 스트레스를 심하게 받는다고 했었지. 직장의 상사가 아니라 그냥 아는 사람으로 만났다면 참 좋았을 것 같다고, 하필 상사로 만나서 스트레스를 받는다고. 그렇게 힘들다 하며 소주 한잔 입에 털어 넣었었지.

그때는 사회생활을 시작한 지 얼마 되지 않은 터라 그냥 힘내라는 말로 어설프게 위로했었지. 이제야 네가 얼마나 힘들었는지 이해가 되더라. 나도 이런저런 일들을 겪었거든. 내 꿈을 펼칠 수 있는 곳이라 여긴 회사에서 열정적으로 일했는데 오히려 뒤통수 맞기도 했고, 친하다고 생각했던 직장 동료가 뒤에서 내 이야기를 하고 다니기도 하더라. 이걸 경험하고 나서야 힘들다 하던 너를 왜 제대로 위로해 주지 못했을까 후회가 되더라. 이제야 말하지만 사실 '열심히만 살면 잘 풀릴 텐데 왜 저렇게 힘들다고 하지?'라는 생각을 했었어. 그때의 나는 나이만 같을 뿐 너보다 한없이 어린 사람이었던 것 같아.

나는 조금 방황하고 있었어. 너에게 말한 일들을 겪으면서 사회생활이 조금 허무하다는 생각이 들었거든. 그래서 직장 업무도 건성으로 하게 되고, 열심히 하던 것들도 놓아버리는, 그런 생활을 좀 보내다가 우연히 한시 강의를 듣게 되었거든? 근데 그 한시 강의를 듣고 나니까 뭔가 조금 마음이 편해지더라. 물론 이 시 하나를 알게 되었다고 해서 '세상일 다 잘 풀릴 거야!'라는 긍정적인 상태가 된 건 아니야. 그냥 그저 조금 마음이 편해진 것 같아.

그래서 이 편지에 시를 적어서 보내. 아마 편지를 쓰는 지금 이 순간까지, 아니 이 편지를 받아 읽는 그 순간까지도 너는 풀리지 않는 일들로 힘들어하고 있겠지. 그 힘든 순간에 이 시가 너의 마음을 조금은 편하게 만들어주면 좋겠다.

내가 강의에서 들은 시는 장욱이라는 분의 〈산중유객(山中留客)〉이라는 시야.

산빛이며 물물마다 봄빛이 뛰놀거니
구름 얇게 끼었다고 돌아갈 생각일랑 마오.
활짝 개어 비가 올 기색 없다해도
구름 깊은 곳 들어서면 옷자락이 젖는다오.
山光物態弄春暉 莫爲輕陰便擬歸
縱使晴明無雨色 入雲深處亦沾衣
_산중에 찾아온 벗을 머물게 하다 (山中留客, 장욱)

이 시만 보면 어디서 마음이 편해지는지 모르겠지? 나도 시만 봤을 때는 그렇진 않았어. 그런데 이 시에 등장하는 사람의 입장에서 하나하나 풀어보니까 그제야 조금 편해지더라.

이 시에는 두 명이 등장해. 손님과 손님을 잡으려는 사람. 손님의 입장에서 보면 기껏 산에 놀러 왔는데 구름이 껴서 돌아가야 할 것 같다는 마음을 먹었어. 그런데 가려고 하니까 또 가지 말라고 잡는 사람이 있는 상황인 거야. 또 손님을 잡으려는 사람의 입장에서는 날씨가 조금 안 좋다고 손님이 휑하니 가려고 하는 거잖아. 어차피 날씨가 맑아도 산 구경하다 보면 젖는 건 매한가지일 텐데 말이야. 손님을 잡으려고 하는 데 날씨도 도움을 안 주고, 온 손님은 내 마음과는 다르게 날씨 조금 흐리다고 돌아가려고 하고. 강의에서는 이 부분을 이렇게 이야기하더라. 세상일 마음대로 뜻대로 되지 않는다고. 하물며 날씨조차 마음대로 되지 않는데, 세상일이라는 게 마음대로 되겠냐고. 그런데 곰곰이 생각해 보니까 또 그런 거야. 세상일이라는 게 원래 마음대로 되는 게 아닌데 왜 마음대로 되지 않는다고 그렇게 힘들어했었나 싶더라고.

이렇게 풀어보다 보니 네 말이 문득 떠오르더라. 그냥 아는 사이로 만났으면 좋았을 그 사람을 상사로 만나서 힘들다고 하던 그 말이. 너도 알다시피 그렇잖아. 인연이라는 게 나와 상대방이 완벽한 모습과 상황일 때 딱 만나는 게 아니잖아. 마치 오랜만에 온 손님인데 날씨가 별로인 것처럼, 하필 그 사람을 회사에서 상하관계로 만난 것처럼. 그렇게 보면 세상일이, 인연이 내 뜻대로 되지 않는다고 아등바등하는 나 자신이 조금 우습게 느껴지더라.

그 후에는 마음이 조금 편해졌어. 여전히 힘들고 어렵지만 예전처럼 마음을 많이 쓰진 않는 느낌이랄까? 그래서 너에게도 이 시를 보내주고 싶었어. 내가 마음이 편해진 것처럼 너도 조금이나마 마음이 편해지면 좋겠다는 생각이 들어서. 부디 이 시를 읽고 마음이 좀 편해지길 바랄게. 너의 마음이 편해진다면 내가 보내준 시 가격으로 술 한잔 사라. 그때는 소주 한잔하며 누구보다 너를 이해해 줄게. 그럼 곧 소주 한잔하자.

상사의 한숨에 상처받는 당신

오랜만입니다. 아니, 오랜만이라고 하기에는 민망하네요. 얼마 전 우연히 길에서 당신을 만나 근황을 이야기했었죠. 그때 당신의 표정이 좋지 않아 걱정스러운 마음으로 이렇게 편지를 쓰게 되었습니다.

들기로 직장 생활이 썩 좋은 편이 아니라고 하셨죠. 일은 편하지만, 마음은 불편한 곳이라고 하며 내쉰 깊은 한숨 소리는 아직까지 제 귓가에 맴도는 것 같습니다. 내심 조금 놀랐습니다. 당신이 이직한 지는 이제 3개월이 되었을 터인데 그렇게 깊은 한숨이라니. 아마 직장이 당신과 잘 맞지 않는 곳일지도 모르겠네요. 생각해 보면 이전에 하던 당신의 업무와는 썩 맞지 않는 곳에 취직한 것 같기도 합니다. 프로그램을 기획하고 운영하던 당신이 컨설팅과 보고서 작성 업무를 하고 있으니 말이죠. 아마 그 차이가 한숨을 자아내는 원인 중 하나인 것 같습니다.

한숨 이야기를 하니 상사의 한숨으로 많은 스트레스를

받는다던 당신의 말도 기억나네요. 평소에는 있는지 모를 정도로 조용한 상사가 당신이 제출한 보고서 초안을 볼 때면 그렇게나 깊고 많은 한숨을 쉰다니, 제가 그런 상황이었다면 주눅이 들어 잘하던 일마저 못할 것 같습니다.

상사는 왜 그렇게 한숨을 쉬는 걸까요? 혹시 당신에게서 입냄새가 나서 그런 걸까요? 아니면 갑자기 상사 주변에만 산소가 부족하거나 혹은 사놓은 주식이 폭락해 자기도 모르게 한숨이 나오는 걸까요. 아마 가장 높은 확률은 아무래도 당신이 작성한 보고서가 마음에 들지 않았기 때문일 테죠. 그러면 다시 의문이 듭니다. 그 상사는 한숨 대신 친절하게 알려주기는 힘들까요?

물론 시간이 부족하긴 합니다. 일은 쌓여서 바쁘고 정신없는 와중에 당신의 보고서까지 확인하고 수정하려니 답답하고 정신없어 저도 모르게 한숨이 나온 것일 수도 있습니다. 그렇다고 한숨을 막 쉬어도 괜찮다는 것은 아닙니다. 상사의 한숨은 직원에게 부정적이라는 것을 상사는 전혀 모르고 있는 것 같습니다.

회사는 학교가 아니라는 것을 당신은 이미 알고 있습니다. 그래서 낯선 업무에 적응하기 위해 그렇게 노력했던 거겠죠. 이전 업무들을 파악하기 위해 있는 자료 없는 자료 찾아가며 읽어보고, 보고서 작성을 잘해보기 위해

팁을 찾아보기도 하고, 연습 삼아 혼자 보고서를 작성해 보기도 했었죠. 하지만 그렇게 노력해도 결과는 한숨이라며 내쉬는 당신의 한숨을 보면서도 내가 해줄 것이 없다는 사실이 조금 미안하기도 했습니다.

당신을 위해 해줄 것이 뭐 없을까 생각하다가 어릴 때가 생각났습니다. 공부하다가 막히거나, 턱없이 부족한 공부로 교수님께 크게 혼난 저녁이면 시원한 맥주 한잔하고 호기롭게 이야기했었죠. 더 잘 해낼 거라고, 더 멋지고 대단한 사람이 될 거라고. 그렇게 힘든 일들을 이겨내곤 했습니다. 마치 이 시에 나오는 청년들처럼.

신풍의 맛 좋은 술 한 말에 만전이라
함양의 유협 가운데에 청년도 많지.
만나면 의기투합해 서로 술을 권하거니
말은 주루 수양버들가에 매어두었다오.
新豊美酒斗十千 咸陽遊俠多少年
相逢意氣爲君飮 繫馬高樓垂楊邊

_소년행 (少年行, 왕유)

시에 나오는 청년들을 보세요. 호기롭고 혈기 넘치지만, 왠지 어설프고 치기 어린 것 같지 않나요? 당신도 나도 그럴 때가 있었습니다. 호기롭지만 어설프게 이리 뛰고 저리 뛰고, 저기서 넘어지고 여기서 깨지던 그런 시절이. 그때에는 뭐가 대수였겠습니까.

그런데 사실 지금도 마찬가지입니다. 내가 아직 청년이라고 생각한다면, 호기롭게 무언갈 해나갈 수 있다면, 그러면 아직도 청년이지 않겠습니까. 그런 청년에게 상사의 한숨이 뭐가 문제겠습니까. 그저 술 한잔에 녹여내고 다음 날 다시 상사에게 보고서를 들고 가겠죠. 그러다 보면 상사의 한숨도 어느새 없어지지 않겠습니까? 어린 시절의 당신이 그럴 수 있다면 지금 당신은 더더욱 할 수 있을 것입니다. 그때보다 더 자란 지금이니까.

그러니까 오늘 당신에게 술을 한잔 사겠습니다. 의기투합해 신풍의 맛 좋은 술 한 잔 주거니 받거니 하면 힘든 상황들 흘려보내고 내일 다시 당당하게 보고서를 제출하는 당신을 만날 수 있을 것입니다. 어설프면 어떻습니까, 상사의 한숨이 내 어깨를 짓눌러도 어떻습니까, 그저 의기투합해 맛 좋은 술 한잔합시다.

조별 과제로 지친 동생

동생아, 오랜만이다. 너는 내게 가끔 손 편지를 건네 곤 하는데 나는 바쁘다는 핑계로 답신을 주진 않았었네. 아마 네가 어른이 되고선 편지를 거의 쓰지 않았던 것 같 아. 그래서 이번 기회에 한 번 써보려고. 조금 낯 간지럽 겠지만 그래도 잘 읽어주길 바랄게.

난 말이야, 우리가 벌써 20대란 사실이 종종 믿기지 않 곤 해. 마음은 여전히 10대에 머물러 있는 것만 같거든. 생각해 보면 3살 터울인 우리는 초등학교 이후론 등교를 같이하지는 못했네. 그래도 우리 둘 다 각자의 자리에서 초중고등학교를 졸업하고 어찌저찌 대학에 진학했지. 나 는 네가 대학에 합격했던 날을 기억해. 어리게만 보이던 동생이 면접도 보러 다니고 시험도 준비하는 모습을 보 며 괜히 흐뭇했거든. 그런 네가 대학에 합격했다고 우리 에게 자랑하던 날, 네가 정말 자랑스러웠어. 왜냐면 네가 고교 3년 동안 바라왔던 학과였으니까. 난 그러지 못했거든. 대학에 합격했는데도 혼란스럽고 또 혼란스러워서 재수까지 했던 나였을 테지. 20살인데도 진로에 확신이 있던 네 모습, 정말 부럽고 멋졌다, 동생아.

그러던 어느 날, 네가 방에서 엉엉 울고 있는 모습을 보게 됐어. 늘 씩씩하고 명랑했던 너였기에 무슨 일인가 싶었지. 어떤 일인지 넌지시 물으니 내게 이런 이야기를 털어놓았지. 조별 과제를 하는데 팀원들이 적극적이지 않고 네가 모든 일을 도맡아 하는 것 같아서 힘들다고 말이야. 그 이야기를 듣는데 네가 꽤나 속상했겠다 싶었어. 넌 너의 진로에 확신이 있고 그래서 열심히 하고 싶은데, 다른 사람들은 이런 네 마음을 몰라주는 것 같았을 테니까. 팀원들이 잘 참여하길 바라는 마음에서 네가 짜증도 내보고 했지만 그래도 쉽지는 않더랬지? 조별 과제를 할 때마다 나 역시 팀원들과 한마음으로 결과물을 내는 게 쉬운 일은 아니더라고. 의견 충돌도 있고 참여에 적극적이지 않은 사람도 있었거든.

그래도 학부 4년을 돌이켜봤을 때 조별 과제가 힘들고 나쁜 기억으로만 남아 있진 않은 것 같아. 새로운 사람들을 만나고 갈등을 해결하는 과정에서 사람들과 소통하는 방법을 나름대로 깨달아 갔거든. 그렇지만 이건 내가 졸업할 때쯤 알게 된 사실이기도 해. 그전까지는 나도 너처럼 조별 과제가 마냥 편하지만은 않았거든. 이런 내 경험을 비추어봤을 때 네가 많이 지치고 힘들겠다는 생각이 들었어. 네 이야기를 들을 당시 나름대로 위로를 한다고 는 했는데 그 마음이 전해졌는지는 모르겠다.

그러다 문득 눈에 밟히는 시 한 편을 읽게 됐어. 너에 게 보여주면 좋겠다 싶었지. 백문이 불여일견이라고 어 떤 작품인지 소개하기에 앞서 한시 한 수 두고 갈게.

원래 뜻을 거슬러도 따지거나 힐난하지 말지나
뉘라서 얼굴에 침 뱉는데 저절로 마르게 두리오.
다만 일이 지나가고 마음이 가라앉길 기다리면
바야흐로 누공의 넓은 도량에 탄복하게 되리라.
忤意由來勿校難 誰能唾面自令乾
直須事過心平後 方服婁公度量寬
_누사덕 (婁師德, 왕시붕)

이 작품은 송나라 문신이었던 왕시붕의 〈누사덕(婁師德)〉이라는 한시야. 누사덕은 당나라 관리였는데 마음 이 넓은 사람이었대. 어떤 일에도 동요하지 않고 상대에 게 관용까지 베푸는 대인배였던 거지. 화자는 누사덕을 처음엔 이해하지 못했나 봐. 내 의견을 따져 묻고 얼굴 에 침 뱉는 사람한테 마음을 베풀기란 쉬운 일이 아닐 테 니까. 그렇지만 일이 마무리되자 화자는 누사덕의 넉넉

한 마음을 인정하게 돼. 화가 나는 순간순간을 인내하는 게 결국은 '나'를 위한 일일 테니 말이야. 화내고 짜증 내봤자 내 마음만 힘들 거니까. 그리고 서로를 위한 거기도 하지. 괜히 서로 얼굴 붉히며 짜증 내는 것보다는, 각자의 사정을 이해하고 조금 더 부드러운 말로 이야길 나눈다면 더 나은 결과물이 나올 수도 있을 테니 말이야.

물론 나 역시 이런 이야기는 이상적일 뿐이라고 생각해. 현실에서는 사람들 간에 충돌이 있을 수밖에 없고 화를 내야만 할 때도 있을 거야. 그래도 이 이야길 꺼낸 건 네 마음이 조금 더 편안해졌으면 해서야. 넌 너대로 충분히 잘하고 있으니까 다른 사람들이 네 마음과 같지 않다고 해도 괜찮다고 말해주고 싶었어. 속상하고 외로울 수도 있지만 팀원들도 모두 네가 열심히 하고 있다는 사실을 알고 있을 거고, 무엇보다 너 자신에게 '한 점 부끄럼 없이' 씩씩하게 해내고 있을 거니까. 그리고 난 너의 그런 모습을 언제나 응원하는 언니일 거고. '나'에게 부끄럽지 않고 '나'를 믿어주는 한 사람 있다는 것. 이거 하나라면 결과가 어떻든 간에 성공적이었다고 말할 수 있지 않을까.

조언보다는 위로한다는 마음으로 최대한 쓰고 싶었는데 다시 읽어 보니 충고의 말이 더 많은 것 같기도 하네. 그래도 너를 응원한다는 마음 하나만은 전해졌으면 좋겠다. 그리고 너의 단단한 심지가 앞으로도 흔들리지 않길 바란다는 것 역시.

지금까지 함께 잘 걸어온 것처럼, 앞으로도 함께 20대를 찬란히 그려 나가보자. 한 명의 언니로서 때론 한 명의 친구로서 네게 든든한 동반자가 될 수 있기를 바랄게.

언제나 건강 조심하고 앞으로도 씩씩하게 하루하루를 살아 나가길.

그럼, 다음에 또 편지 쓸게.

너를 응원하고 사랑하는 언니가

잠못드는 그대

둥둥 아가, 애야 우지 마라
살구꽃이 울타리 가에 피었네.
꽃 지면 정녕 열매 맺으리니
나랑 너랑 같이 먹자꾸나.
抱兒兒莫啼 杏花開籬側
花落應結子 吾與爾共食
_아가야 울지 말아라 (兒莫啼, 이양연)

여기는 끝없는 구름에 달도 숨은 밤입니다. 덥고 습한 여름밤에는 깊이 잠드는 것이 쉽지 않지요. 습한 공기에 축축한 생각도 함께 밀려오기 때문일 것입니다. 하늘이 흐려지면 우리 마음마저 흐려지고는 하는 것은 내가 이별의 일부라는 증거가 아닐까 곰곰이 생각해 봅니다. 하여간 눈을 감아도 머리는 이리 쓸데없는 몽상에 잠기고 마는 밤이 또다시 찾아왔습니다. 이야기했던가요? 저도 지난해 이맘때에 꽤 잠을 설치고는 했다는 것을요. 유튜브에서 ASMR이나 호흡법, 수면 유도 영상을 몇 시간 동안 돌려보고는 했습니다. 몸은 피곤한데 자리에 누우면 묘한 불안감이 가슴께에 걸려있어 잠들지 못하는 불쾌함을 압니다. 불안의 이유를 스스로 묻다, 우울한 생각의 고리에 발을 들여 눈물이 나기도 하지요. 저는 원래도 머리를 대자마자 잠자리에 들 수 있는 사람은 아니었지만, 작년 초여름은 특히 오래 뒤척였습니다. 이유를 들라면 억지로 들 수는 있겠지만, 우리가 밤새 별을 세며 잠 못 드는 것은 명확하게 해결할 수 있는 문제는 아닌 것 같습니다. 그보다는 좀 더 복잡하고 감정적이지요.

그대는 어떻습니까? 어떤 연유로 방충망 너머 흐릿하게 뜬 달을 보고 있습니까? 에어컨 바람이 절실한 열대야의 밤, 끈적한 기분이 베갯머리 위로 흘러내립니다. 우리는 모두 저마다의 이유로 저마다의 밤에서 별을 세고 있겠지요. 나는 그저 지나가는 밤동무 A 정도 되는 사람입니다마는, 당신의 이 시간이 길게 느껴지지 않기를 바라며 편지를 쓰고 있습니다.

이양연의 〈아막제(兒莫啼)〉는 우는 아이를 달래는 모습을 그리는 시입니다. 이 시를 처음 읽었을 때, 저는 어떤 뭉클대는 감정이 올라오는 것을 느꼈습니다. 분명 어린 아이를 달래는 시인데도 왜인지 저를 달래주는 것만 같아, 시가 오래 기억에 남았거든요. 어쩌면 낮 동안 이리저리 돌아다니며 일할 때는 어른인 내가 깨어있다가, 밤이 되면 그제야 내 마음속의 어린아이가 눈을 뜨는지도 모릅니다. 그 아이는 사실 서러운 것이 있어서 울며 어리광을 피우고 싶은데, 낮의 해 아래 눈물을 보이기가 부끄러워서, 또 받아줄 사람이 없어서, 어른이고 싶어서, 모든 것을 덮어 줄 것 같은 밤하늘 아래 자리를 잡았는지도요. 그래서 그 어린아이는 부드럽게 저를 달래는 목소리에 눈시울이 붉어졌는가 봅니다.

작년 여름에 제가 자장가로 자주 들었던 '무릎'이라는 노래가 있습니다. 잠이 오지 않는 밤, 어린 날에 할머니의 무릎에서 걱정 없이 잠이 들던 시절을 떠올리며 쓴 노래라고 합니다. 이 노래를 들었을 때 떠오른 감정과 〈아막제〉를 읽으며 느꼈던 뭉클함은 같은 결이라는 생각이 듭니다. 풀벌레 소리가 시끄러운 밤에, 할머니와 나란히 누워 TV에서 '짱구' 같은 만화를 보다 잠들던 밤들이 스쳐 지나갑니다. 여전히 풀벌레 소리는 우렁찬데, 몸과 마음을 누르는 시간의 무게만이 변해가는 것이 문득 서러워집니다. 그리워집니다. 가만히 그 시절을 떠올려봅니다. 꿈이 있고, 들뜬 호흡과 반짝이던 눈이 당연하던 시절 말입니다. 해가 떴을 때는 데워진 땅을 뛰어다니고, 달이 뜨면 하늘보다 너른 품에 안겨 당연하다는 듯 잠자리에 들던 때가 있었습니다. 다음날에 대한 걱정 없이, 꿈에 젖어 잠들던 때가 있었지요. 내일 만날 친구가, 놀이가, 하늘이 기대되던 밤, 그런 시절에 대한 아련한 마음에 젖어봅니다. 각자의 밤, 모두 다른 이유로 뒤척이고 울고 불안함을 끌어안듯이, 당신에게도 분명 그런 때가 있었겠지요. 우리 모두에게 그런 시절이 있었어요. 마음 안의 어린아이는 그런 나날들이 다시 찾아오기를 기다리고 있는지도 모르겠습니다.

그대 오늘도 긴 밤을 지켜보고 있습니까? 얼마 전 알게 된 사실인데, 사람은 서늘한 곳에서 더 잠들기 쉽다고 하더군요. 이제 여름이 끝나갑니다. 언제 그칠지 모르고 내리는 비도, 습한 공기도, 잠 못 드는 밤도, 가을의 선선한 바람에 날아갈 때가 오겠지요. 해가 떠도 기분 좋은 바람 부는 가을이 오면, 수확의 계절이 오면, 그때는 우리 같이 열매를 따러 갑시다. 어린 시절 할아버지께선 집 뒷산 감나무에서 잘 익은 홍시를 따주시곤 하셨어요. 할아버지 집은 지금 그 자리에 없지만, 감나무는 자리를 지키고 있겠지요. 이번 해에도 열매를 맺었겠지요. 누군가가 다시 돌아오기를 기다리면서. 그때까지 밤새 달과 별과 도시의 불빛들은 꼭 감긴 눈에다 숨겨두기로 합시다. 우리 가을 하늘 아래 마주할 때는, 그 반짝임을 담은 눈으로 열매 찾아 떠날 수 있기를 바랍니다.

겁많고 게으른 완벽주의자

언젠가부터 산다는 게 참 어색하게 느껴지기 시작했다. 아침에 일어나고, 밖으로 나가고, 밥을 먹고, 누군가와 만나고, 말을 하고, 걷고, 숨을 쉬고, 밤이면 잠이 드는 너무나도 자연스러운 일상이 점차 버거워졌다. 살아만 있다고 해서 그냥 살아지는 삶은 없다는 사실을 깨달았을 때는 이미 자력으로는 아무것도 할 수 없게 된 뒤였다. 남들보다 조금, 어쩌면 많이 늦은 나이였다.

가정에서도 학교에서도 전혀 엄격하지 않은 환경에서 자유롭게 자란 편이라고 생각한다. 그런데도 아주 어릴 때부터 늘 혼나는 걸 두려워했다. 받아쓰기에서 만점을 받지 않으면 안 돼, 수학 성적이 낮게 나오면 안 돼, 다른 아이들이 하지 않는 별난 행동을 하면 안 돼. 상상으로 만들어낸 가상의 호랑이 선생님은 성인이 되어서까지 나를 따라다니며 하루 종일 내 일거수일투족을 감시했다. 나이가 들수록 주변의 평판에 더욱 예민해졌고, 급기야는 시험이나 과제처럼 평가가 내려지는 모든 업무를 수행하기 어려운 지경에 이르렀다. 세상의 모든 성적표로부터 도망치고 싶은 마음뿐이었다. 주변에선 '완벽주의'를 좀 버리라고 했다. 눈물이 핑 돌고 헛웃음이 나왔다. 완벽은 바라지도 않는데, 난 그저 못한다는 비난을 듣는 것이 무서울 뿐인데. 그게 완벽주의라는 걸 깨달은 것도 꽤 오랜 시간이 지난 뒤였다.

스스로 만든 감옥에 자신을 가두고 긴 시간 밖으로 나오지 않았다. 돌이 된다면 이런 느낌일까, 매일 매 순간이 영겁의 세월처럼 느껴졌다. 창문 밖으로는 해가 뜨고 지고, 바람이 불고 볕이 따스하고, 비가 오기도 하고 매미 소리가 들리기도 했다. 바깥의 시간과는 별개로 나의 달력은 뒤죽박죽이 되었고, 어쩌다 밖에 나가게 되면 거리에서 나 혼자만 계절에 맞지 않는 옷을 입고 있었다. 완벽을 추구하던 게으른 완벽주의자는 완벽하게 엉망인 사람이 되어 있었다.

돌이켜보면 그때는 늘 어떤 이유를 찾고 있었던 것 같다. 일이 잘 풀릴 때는 굳이 이유를 찾지 않았다. 오직 내가 실패한 이유를 찾는 데에만 골몰했기에, 늘 과거의 어느 순간에 붙잡혀 한 발짝도 앞으로 나아가지 못했다. 다가올 일은 걱정과 공포였고 지나간 일은 후회와 좌절로 점철되어 있었다. '현재'는 어디에도 없었다. 현재를 살지 못하는 삶이 얼마나 불행한 것인지 겪어본 사람은 알 것이다. 나를 그런 불행한 삶으로 내몬 당사자가 바로 자기 자신이라는 사실이 가장 아프다는 것도.

사실은 내가 경험한 불행과 아픔을 다른 사람들은 몰랐으면 한다. 이것에 공감한다는 건 그 사람도 그만큼 상처를 갖고 있다는 뜻일 테니까. 그럼에도 혹시 지금, 예전의 나와 같은 어려움을 겪고 있는 사람이 있다면 꼭 해주고 싶은 말이 있다. 세상은 잔인할 정도로 공평하게 불평등하며, 완벽하게 불완전하다. 언제나 성공하는 인생이 없는 것처럼 언제나 실패만 하는 인생도 없다. 애초에 너와 내가 다르고, 너는 또 다른 누군가와 다르다. 나의 아픔은 이런 사실을 받아들이지 못했던 데서 생겨났었다. 스스로 나답게 살려고 하지 않고, 늘 다른 사람들과 비교하며 남들을 따라가려 해서 얻은 상처였다.

물론 타인의 평가는 때로 나를 아프게 하기도 한다. 하지만 어쩔 수 없다, 그게 사실인걸. 때로는 담담하게 받아들이는 연습도 필요하다. 대신 타인의 기준에 나를 억지로 끼워 맞출 필요는 없다. 그렇게 해서도 안 된다. 나는 한 번에 500m밖에 달릴 수 없는 사람인데 옆 사람이 5km를 달린다고 해서 그 사람을 따라 뛰다가는 탈이 날 수밖에 없다. 느리든 빠르든 나만의 페이스를 찾는 것부터 시작이다. 똑바로 가지 못하고 삐뚤삐뚤 빙빙 돌아서

가도 괜찮다, 꼴찌로 도착해도 괜찮다는 사실을 받아들여야 한다. 분명 쉽지는 않겠지만, 그럼에도 우리는 그렇게 해야만 한다.

겁 많고 게으르던 완벽주의자는 여전히 겁도 많고 게으르다. 하지만 예전보다는 욕심을 많이 줄였다. 내 의지와는 무관하게 발생하는 일들에 대해 더 이상 이유를 찾지 않게 되었다. 내가 감당할 수 없는 것은 탐내지 않고, 자력으로 감당할 수 있는 것만 가지게 되었다. 지나간 일에 연연하는 일이 없어졌다. 정답이 없는 질문을 끝없이 되풀이하는 대신, 내가 이해하고 받아들일 수 있는 만큼만 이해하려고 한다. 걱정과 불안이라는 무거운 옷을 벗어 던지자 비로소 멈추었던 다리가 다시 움직이기 시작했다. 지금 걱정과 불안에 짓눌려 주저앉은 사람이 있다면 이 시를 권하고 싶다.

경사와 흉사, 재앙과 복록은 이유가 있으니
다만 깊이 알 것이지, 걱정하지 말지니.
그저 불빛이 부잣집 사르는 것은 보았을 뿐
풍랑이 빈 배를 뒤집었다는 말은 듣지 못했네.
명예는 공공의 그릇이라 많이 취하려 말고
이익은 몸의 재앙이러니 적게 구하는 게 옳네.
모름지기 사람은 조롱박과 달라 안 먹을 순 없지만

대저 충분히 먹었으면 일찍 그만두는 게 나으리라.

吉凶禍福有來由　但要深知不要憂

只見火光燒潤屋　不聞風浪覆虛舟

名爲公器無多取　利是身災合少求

雖異匏瓜難不食　大都食足早宜休

_느낌이 있어 (感興二首 제1수, 백거이)

　　내 의지와 무관하게 일어나는 일들에 대해 너무 깊게 고민하고 걱정하지 않았으면 좋겠다. 설령 내가 자초한 실패라 하더라도 너무 오래 아파하지는 않았으면 좋겠다. 많이 가지면 그만큼 잃을 것을 두려워하게 되고, 가진 것이 적으면 오히려 마음이 편해질 수도 있다는 걸 기억했으면 좋겠다. 타인의 기준에 맞춰서 자신을 재단하지 않았으면 좋겠다. 자신만의 기준을 가지고, 기쁨도 슬픔도 성공도 실패도 딱 자기가 감당할 수 있는 만큼만 가지려 했으면 좋겠다. 애초에 완벽하지 않은 세상이다. 우리 모두 완벽해질 필요는 없다. 여리고 약해도 가볍고 유연하게 흘러가는 것, 그것이 이 완벽하게 불완전한 세계를 살아가는 나만의 방법이다. 당신에게도 효과가 있기를 바란다.

타인과의 비교에 지치다니!

어릴 적 꿈을 아직 기억하시나요? 학교에 처음 입학하고 장래 희망을 적어낼 때 무엇이라고 쓰셨나요? 과학자, 피아니스트, 소방관, 대통령, 연예인, 선생님…. 사실 돌이켜보면 그것은 꿈이라기보다는 '희망 직업'에 가까웠습니다. 그럼에도 모두 잔뜩 신난 얼굴로 "나는 커서 ○○한 사람이 될 거야!"라고 외쳤던 기억이 납니다. 훌륭한 사람, 똑똑한 사람, 성공한 사람, 우리 부모님 같은 사람, 돈을 많이 버는 사람 등 직업 외에 저마다의 '지향'을 함께 말하기도 했습니다. 희망 직업도 삶의 지향점도 모두 달랐지만, 그 시절 우리는 모두 '행복'이라는 꿈을 꾸고 있었던 것 같습니다. 나중에 어느 직업을 갖게 되든, 커서 어떤 사람이 되든 간에 행복한 삶을 살고 싶다는 하나의 꿈 말이지요. 그때는 막연히 특정한 직업을 갖거나 삶의 지향성을 따라가다 보면 자연히 행복해지리라 생각했던 것 같습니다.

성인이 된 지금의 꿈은 어떤가요? 특정 대학을 졸업하고, 특정 자격을 취득하고, 특정 회사에 취업하고, 몇 살에는 결혼을 하고, 몇 살에는 아이를 낳고, 몇 살에는 집을 사고…. 어릴 적의 '장래 희망'이 항목별로 아주 자세히 나눠진 것 말고는 크게 달라지진 않은 것 같습니다. 이 모든 것도 결국은 행복하게 살기 위한 조건이고, 이 조건들을 이루기만 하면 행복해질 것이라 믿으니까요.

그런데 이 조건들은 어떻게 정했었는지 기억하시나요? 혹시 주변을 의식하거나 아니면 다른 사람들이 다 저렇게 하니까 따라서 정한 것은 아니었나요? 우리는 왜, 언제부터 '행복의 기준점'을 타인에게서 빌려오게 되었을까요? 행복에 대한 정의나 삶에서 추구하는 가치는 저마다 다릅니다. 그렇다면 우리 모두의 기준점 또한 달라야 할 것입니다. 물질적 가치 외에도 여행을 많이 다녀 견문을 넓힌다든지, 자신의 신념을 지킨다든지, 타인에게 봉사하고 친절을 베푼다든지 하는 다양한 삶의 가치가 있고, 그런 것을 따라가다 보면 자연히 행복해질 것이니까요. 그럼에도 왜 우리는 타인에 의해 규정된 행복만을 좇고 있을까요?

오늘은 나 세상에 태어나서
스물여섯 번째 맞이한 푸른 봄.

부모님 무탈하시니 즐겁고

형제는 마음으로 더욱 가깝다네.

바라건대, 고귀한 천작을 닦고

세상살이 가난해도 겁내지 않으리.

가득히 술 한 잔 따르며

다시 이 몸을 경축하려네.

今朝吾以降	二十六靑春
父母樂無恙	弟兄心更親
願修天爵貴	不怕世間貧
滿酌一杯酒	還將慶此身

_스스로 축원하며 (自壽, 이숭인)

시인이 생일을 맞아 스스로 축하하며 지은 시입니다. 여기서 하늘이 내린 귀함, 즉 '천작(天爵)'이란 사람이 주는 작위라는 뜻의 '인작(人爵)'과 상대되는 개념입니다. 『맹자(孟子)』에 "인의충신(仁義忠信)과 선(善)을 즐거워하여 게을리 하지 않는 것이 바로 천작이고, 공경(公卿)과 대부(大夫) 같은 벼슬은 인작이다. 옛사람은 천작을 닦으면 인작이 뒤따랐다. 그러나 지금 사람들은 천작을 닦아서 인작을 요구하고, 이미 인작을 얻고 나면 천작을 버리니, 이는 미혹됨이 심한 것이다. 끝내는 또한 반드시 인작마저 잃을 뿐이다[孟子曰, 有天爵者, 有人爵者. 仁義忠信樂善不倦, 此天爵也, 公卿大夫, 此

人爵也. 古之人修其天爵, 而人爵從之, 今之人修其天爵, 以要人爵, 旣得人爵, 而棄
其天爵, 則惑之甚者也. 終亦必亡而已矣]."라는 말이 나옵니다. 시인
은 천작을 소중히 잘 지키면 관직이나 명예와 같은 인작
이 없어도 세상살이가 겁나지 않으리라고 말하며 스스로
마음을 다졌습니다.

　어쩌면 타인에 의해 규정된 행복은 인작이고 스스로 가
치 있다고 생각하는 일이야말로 천작인지도 모르겠습니
다. 정말 옛사람들의 말이 맞는다면, 내면에 귀 기울여 자
기만의 개성과 신념을 잘 지켜 살아가다 보면 행복은 저
절로 뒤따라올 것입니다. 설령 그로 인해 세간에서 규정
하는 '성공'이나 '행복한 인생'이 되지는 못한다고 하더라
도, 오롯이 자신만의 진정한 행복을 찾은 것이니까요. 반
대로 남들이 규정한 기준을 좇기 바빠 자신을 잃어버린다
면, 자신뿐만 아니라 모든 것을 잃게 되겠지요. 만일 이미
놓쳐버렸거나 잃어버렸어도 괜찮습니다. 이제부터 다시
찾으면 되니까요. 오직 나만의 기준으로 정한 행복을.

어떠한 희망도 보이지 않아

오늘은 제가 아는 분의 이야기를 해볼까 합니다. 그분은 정치적으로 혼란했던 시기에 태어나셨습니다. 하지만 그분의 외가는 대대로 힘 있는 명문가였기에 걱정이 없었고, 부친도 새로운 정권에서 요직에 올랐다고 합니다. 든든한 집안 배경과는 별개로, 그분은 어렸을 때부터 신동으로 이름이 났다고 합니다. 크게 될 인물이라고 모두 입을 모아 칭찬했을 정도지요. 제가 그분이었다면 하루라도 빨리 어른이 되고 싶어서 조바심이 났을 것 같습니다. 이 세상이 마치 나를 위해 준비된 것 같다는 생각이 들게 하는 인생이었을 테니까요. 좋은 집안에서 아무 걱정 없이 자란 데다, 재능까지 타고났으니 성공은 그야말로 따 놓은 당상이었습니다.

그런데 한창 꿈을 향해 달려가던 어느 날, 갑자기 그분의 부친이 엄청난 정치적 스캔들에 휘말리게 되었습니다. 무엇이 어떻게 된 영문인지 제대로 알지도 못한 채,

가족들까지 뿔뿔이 흩어져 감옥에 갇히게 되었습니다. 그때 그분의 나이 스물두 살, 어려서부터 꿈꿔 온 일을 이루기 직전이었습니다. 이듬해 부친은 처형당했고, 그분은 연고도 없는 낯선 곳으로 이감되었습니다. 하늘도 무심하다는 말은 이럴 때 쓰는 말일까요. 어떻게 세상 모두를 줄 것처럼 해 놓고선 이렇게 한순간에 뺏어갈 수가 있는지.

하지만 불행히도, 불행은 거기서 끝이 아니었습니다. 머잖아 풀려날 것이라 믿었던 처음의 기대와는 달리, 다시 정권이 안정되었음에도 몇 년이 지나도록 그분은 풀려나지 못했습니다. 그러다 28세에 사면이 되어 원래 살던 곳으로 돌아가게 되었으나, 곧바로 사면이 무효가 되었습니다. 이때 그분의 심정이 어땠을지 저는 감히 상상조차 할 수 없습니다. 하늘이 무너졌다는 말로도 표현이 되지 않을 것 같거든요. 더 이상 추락할 바닥조차 없다고 느껴지는 이 절망적인 상황에서도 이분은 끝내 좌절하지 않았습니다. 어떻게 그럴 수 있었던 것일까요.

도무지 희망이라고는 찾아볼 수 없었던 상황에서 그분은 『주역(周易)』의 '태괘(泰卦)'를 자호로 삼았습니다. 태괘는 『주역』의 64괘 중 11번째 괘로 막힘이 없이 탁 트인, 조화로운 상태를 나타냅니다. 한편 태괘 다음은 '비괘(否卦)'인데, 기운이 꽉 막혀 쇠퇴하는 상태를 나타냅니다. 당시 그분의 상황을 생각한다면 태괘가 아니라 비괘가 어울릴 터였습니다. 하지만『주역』의 세계관은 어떤 가치나 상태가 고정적이지 않고 늘 변화한다고 보는 '일음일양(一陰一陽)'의 원리입니다. 만일 지금 이 순간이 끝 간 데 없이 절망적인 상황이라면, 곧 일음일양의 원리에 따라 다시 모든 것이 회복될 것입니다. '비극태래(否極泰來)', 어려움이 극한에 다다르면 순조롭게 형통할 때가 온다는 믿음으로 '태재(泰齋)'라고 자호했던 것입니다.

그렇습니다. 이분은 바로 여말선초 시단(詩壇)을 진작하고 두시(杜詩)에 조예가 깊었던 태재 유방선(柳方善, 1388~1443)입니다. 유방선은 이색(李穡)의 외증손으로 어렸을 적 권근(權近), 변계량(卞季良)에게 수학했습니다. 비록 가문의 정치적 시련으로 인해 평생 관직에 나아가지는 못했지만, 서거정(徐居正) 등 조선 전기 문단을 대표하는 문인을 길러내었습니다. 또한 두시(杜詩)에 대한 이해도가 상당히 높아 그의 차남인 유윤겸(柳允謙)과 조카 유휴복(柳休復)은 각각 세종과 성종 연간에 두시집(杜詩集) 편찬의 주역이 되기도 했습니다. 태어날 때부터 성공이 보장된 것처럼 보였던 그의 인생은 결코 순탄하지 못했고 결국 20년에 가까운 유배생활을 해야 했습니다. 이처럼 가혹한 현실 앞에서도 그는 끝내 좌절하거나 포기하지 않고 시를 통해 삶과 마음을 치유하려고 했던 시인이었습니다.

나그네살이에 또 한 해의 봄을 맞아

예제에 느꺼워 코가 절로 시큰하네.

술은 시름겨운 마음을 깰 수 있거니와

시는 한가한 날에 신명을 들춰낼 수 있네.

궁달은 천명에 달렸으니 우리 도를 즐기라

부귀는 마음에 두지 않고 내 가난을 편히 여기네.

한낮 창가에서 졸다 일어나니 인적은 더욱 고요할사

문 닫고 한가로이 앉아 맑은 날을 보내노라.

客中又見一年春　感古傷今鼻自辛

酒向愁城能破陣　詩從開日解搜神

窮通有命樂吾道　富貴無心安我貧

睡起午窓人更靜　杜門開坐謝淸辰

_느낌 (感懷, 유방선)

언제 지은 시인지 알 수는 없지만, 갖은 시련과 고난을
겪은 뒤에도 맑은 마음을 지키려고 하는 시인의 모습이
잘 느껴지는 작품입니다. 물론 아직 치유되지 않은 상처
가 있어 가끔 콧등이 시큰거릴 때도 있습니다. 하지만 가
난하거나 출세하는 일은 내가 어떻게 할 수 있는 것이 아
니라는 것을 알기 때문에, 그저 가난하고 힘든 현재의 상
황도 담담히 받아들일 수 있게 되었습니다. 이렇게 담담
해지기까지 얼마나 많은 눈물을 쏟아야 했을까요. 한 치

앞을 내다볼 수 없는 상황에서도 희망을 잃지 않기 위해선 얼마나 굳은 각오와 믿음이 필요했을까요. 몇 번이나 스스로 다독이며 상처를 보듬어야 했을까요. 20대의 유방선에게, 그리고 지금 그와 같은 상황에 처해 있는 모든 청춘들에게 이 말을 전하고 싶습니다. "희망으로 극복되지 않는 운명은 없습니다. 부디 포기하지 말아 주세요." 라고.

4장

내일도 해는
뜰 테니까

아무도 알아주는 이 없어

　우선 노력하는 당신의 모습이 멋있다는 말로 이 편지를 시작하고자 합니다. 꿈을 위해 노력하는 당신은 그 누구보다 멋있습니다. 비록 남들이 알아주지 않더라도 말이죠. 제가 생각하기에 당신은 꿈을 이루기 위해 열심히 노력하고 있습니다. 당신의 글로, 당신의 목소리로, 당신의 콘텐츠로, 다양한 방식으로 많은 사람들에게 당신만의 따뜻함을 전달하고 있죠. 그래서 가끔 당신이 대단하다는 생각이 들기도 합니다.

　하지만 당신은 고민하고 있습니다. 당신의 콘텐츠를 알아주는 사람이 없다는 사실에. 이 길이 맞는지, 이 방식이 맞는지, 심지어는 이 꿈을 위해 계속해서 노력해야 하는지. 저라도 당신의 입장이었다면 고민이 되었을 것 같습니다. 열심히 걷고 또 걸어도 결국은 제자리라면 그 누구라도 지치고 포기하고 싶기 마련이니까요. 어쩌면 자신에게 맞지 않는 길일지도 모릅니다. 그렇다면 당신의 고민처럼 빨리 다른 길로 나아가는 게 맞겠지요. 하지만 당신에게 묻고 싶습니다. 정말 당신의 길이 아니라고 생각하시나요? 아직 남들이 알아주지 않는다는 사실이 당신의 길을 판단하는 중요한 요건인가요?

사실 당신의 말을 듣고 조금 화가 났는지도 모르겠습니다. 그 고민은 당신의 꿈을 사랑하는 사람들을 생각하지 않은 것이기 때문입니다. 멀리 보고 있는 당신에게는 어쩌면 보이지 않을 수도 있겠습니다. 바로 곁에서, 당신이 꾸는 그 꿈을 응원하는 사람들이 있다는 사실을요. 고민하는 당신에게 주고 싶은 시가 있습니다. 당신에게 도움이 될지 모르겠으나 내가 당신에게 하고 싶은 말이 가득 담겨 있는 듯한 시입니다.

홀로 그윽한 대숲 속에 앉아서
금을 타다가 다시 길게 읊조리네.
깊은 숲속이라 사람들은 모르거니
밝은 달이 찾아와 비추어주누나.
獨坐幽篁裏 彈琴復長嘯
深林人不知 明月來相照
_죽리관 (竹里館, 왕유)

중국 당나라 시인 왕유의 〈죽리관(竹里館)〉이라는 시입니다. 이 시에는 대숲 속에 앉아 외로이 금(琴)을 타는 한 사람이 나옵니다. 그 사람은 이야기합니다. 깊은 숲속이라 자신의 금소리가 다른 사람들에게 들리지 않지만, 밝은 달만은 찾아와 알아준다고. 아마 홀로 대숲 속에서 금을 타는 저 사람은 외롭고 고독할 것입니다. 어쩌면 당신처럼 아무도 알아주지 않는다는 사실에 슬퍼할 수도 있을 것입니다. 하지만 그는 밝은 달이 자신을 알아본다고 여기며 다시 홀로 금을 탔을 것입니다.

당신이 생각하기에 이 사람은 어떤가요? 금을 계속 타는 것은 이 사람의 길이 아닐까요? 아니면 꾸준히 그윽한 대숲에서 금을 계속 타야 할까요? 사실 답은 없습니다. 그 사람의 길이라고 생각한다면 그 사람의 길일 것이고 아니라고 생각하면 그 또한 맞는 말일 것입니다. 결국 결정은 당사자가 하는 것이니까요. 다만 금을 계속 타게 된다면 그 사람이 맞이할 미래를 그려볼 수 있을 것 같습니다. 예컨대 밝은 달을 벗 삼아, 알아주는 이 없어도 개의치 않고, 계속해서 금을 탄다면 결국 많은 이들이 찾는 연주자가 되었을 것입니다. 달이 지고 해가 뜨면 밝은 햇살이 아름다운 금소리를 멀리 퍼트릴 것이고 그 소리에 이끌려 사람들이 모여들 테니까요.

당신도 마찬가지입니다. 선택은 당신의 몫입니다. 당신이 걷는 그 길이 당신의 길이 아니라며 포기해도 됩니다. 당신이 포기하는 순간, 그 길은 정말 당신의 길이 아니었을 테니까요. 하지만 하나만 기억해 주길 바랍니다. 당신이 그 길을 선택한 이유를 말이죠. 당신은 왜 그 길을 걷고자 했나요? 의무감, 혹은 어떤 운명적인 끌림이었나요? 아니면 그저 재미있고 즐거워서, 그 방식이라면 당신이 생각하는 그 꿈을 즐겁게 이룰 수 있겠다고 생각해서인가요? 포기를 결정하기 전 꼭 한번은 조급함을 내려놓고 처음 가졌던 마음을 생각해 보시길 바랍니다. 그렇게 된다면 당신의 선택이 조금 더 명료해지지 않을까요?

당신이 어떤 선택을 하든, 그 어떤 길을 걷든 당신의 그 길을 밝혀줄 밝은 달이 함께하길. 그리고 그 달이 저물고 밝은 해가 떠오르면 많은 사람들이 당신을 발견하고 당신을 알아봐 주길 기도하고 또 기도하겠습니다.

그래도 우리는 꿈꾸던 사람이었지

흉노 소탕을 맹세하고 제 몸은 돌보지 않더니

오천의 갖옷 입은 이들, 북방 흙먼지 속에 스러졌네.

가련하다, 무정하의 유골들이여

그래도 규방의 여인들이 꿈에 그리던 이들이었네.

誓掃匈奴不顧身 五千貂錦喪胡塵

可憐無定河邊骨 猶是深閨夢里人

_농서행 (隴西行, 진도)

어느 명절날, 부모님께서 중학생인 사촌 동생에게 이런 질문을 하셨습니다. "누구는 꿈이 선생님이라던데 너는 꿈이 뭐야?" 그 질문을 들은 사촌 동생은 어떤 대답도 하지 않았지요. 곰곰이 생각해 보면 저도 그 시기쯤부터 비슷한 질문을 해마다 들었던 것 같습니다. 그때의 저는 성인이라면 누구든 직업을 가져야만 하고, 그렇기에 '꿈'을 품고 살아가야만 한다고 생각했던 것 같습니다. 비록 그 꿈이 명확히 결정되는 것은 아닐지라도, 자신이 좋아하고 관심 있는 것에 대해서는 나름의 답을 내려야 한다고 믿었기 때문이었습니다. 그리고 제게 그 꿈이라는 것은 '직업'을 이야기하는 것이었을 테지요.

이런 제 생각은 취업을 준비하며 완전히 뒤바뀌고 말았습니다. 잠을 자며 꿈을 꾸는 그 순간만큼은 꿈과 현실의 경계를 알 수 없는 것처럼, 내가 좋아하고 잘하는 일이 무엇인지 점점 모호해졌기 때문이지요. 준비했던 것이 잘되지 않았을 때는 이렇게까지 모든 것을 포기하면서 그 일을 해야 하는지 속상하기도 했고, 실패를 거듭하다 보니 내가 어떤 사람인지조차 모르게 되는 것만 같았습니다.

그래도 무사히 취업에 성공해 지금은 월급쟁이로서 그때보다는 조금 나은 시간들을 보내고 있습니다. 취업은 했지만 여전히 고민들은 남아 있습니다. 취준생일 때와 비슷하면서도 또 다른 고민일 테죠. 앞으로 나는 어떻게 살아야 할지, 지금의 나는 어떤 사람인지. 이런 질문들을 생각하다 보면 직장인인 지금조차도 답답하고 막막한 것만 같습니다. 지금 이 글을 쓰고 있는 순간조차 제가 어떤 일을 하는 '사람'이 되어야 하는지 답답하고 혼란스럽거든요. 그럴 때마다 "그래도 규방에서 꿈꾸던 사람이었지."라는 말이 제게 위로가 되는 듯합니다. '그래, 나는 이런 사람이었지. 그래도 나는 꿈꾸던 사람이었지.' 하고 말입니다.

우리에게도 열정과 설렘으로 가득했던 시절이 있었을 테지요. 꿈을 꾸기만 해도 가슴 떨리고 그 꿈을 꾸며 나의 미래를 희망차게 생각해 보던 때 말입니다. 뚜렷한 꿈은 아닐지라도 어떤 사람으로서 사회로 나아가고 싶은지를 고민해 본 적은 있을 것입니다.

저 역시 아직까지는 많은 것들에 대해 답을 내리진 못했지만 그래도 확신할 수 있는 게 하나 있습니다. 어떤 일이든 어떤 직업이든 보잘것없는 일은 없다는 사실 말입니다. 그리고 그 일은 우리의 마음가짐에 달라진다는 것이지요. 우리가 대단하다고 여기는 직업조차 어떤 사람에게 주어지냐에 따라 가치 있는 일이 될 수도, 아닐 수도 있기 때문이니까요.

'가련하다, 무정하의 유골들.' 카페인으로 겨우 잠을 쫓고 뜬눈으로 새벽을 맞이하던 과거의 제게 하고 싶은 말이 딱 이 마음이 아닐까 싶습니다. 물론 지금도 비슷한 모습이기는 하지만요. 그래도 미래의 제가 지금의 저를 바라본다면, 가련하고 안쓰러운 기억보단 행복한 기억들로 미소 지을 수 있길 바랍니다.

늘 무엇인가를 준비했어야 했던 우리, 꿈이 없어 방황했던 우리, 내가 가는 이 길이 맞는 길인지 혼란스럽기만

했던 우리. 그래도 우리는 꿈꾸던 사람이었다는 것을 기억해 주시길 간절히 기원합니다.

문장으로 연결되는 세상

저희 아버지가 어머니께 고백했을 때, 여러 편의 시를 써서 보냈었다는 말을 자주 들었습니다. 그 시들이 계기가 되어서 오랫동안 모른 척하셨던 마음을 받아주셨다는 말을 해주셨어요. 즉, 저는 뼛속까지 문과인 어머니와 아버지 밑에서 시를 통해 태어난 사람인 것이지요. 그래서인지 어렸을 때부터 글 쓰는 것을 좋아했습니다. 물론 나이가 들면서 글이나 책보다는 휴대폰 화면과 친한 사람이 되어버렸지만, 언제나 제게 글쓰기는 어려운 일이 아니었습니다. 책을 읽고 글을 써야 하는 시험이나 A4 한 장을 채워야 하는 과제는 가장 쉽게 끝낼 수 있는 일 중 하나였지요. 기회가 닿아 이렇게 글을 쓰게 되고, 또 제가 쓴 글이 책으로 나온다고 생각하니 운명인가 싶기도 했습니다. 그러나 이번 기회를 통해 제대로 깨닫고 말았습니다. 제대로 된 글, 내가 만족할 만한 글, 남에게 보여주고 싶은 글을 쓰는 것은, 막말로 하자면 미친 듯이 어

려운 거였구나! 나는 지금까지 적당히 되는대로 썼을 뿐
이었구나!

정몽주의 〈음시(吟詩)〉는 이런 글 쓰는 사람의 갑갑한 마
음을 우아하고 문인답게 표현하고 있는 시입니다.

아침 내내 한껏 노래하다 다시 나직이 읊조리니

마치 모래를 헤쳐내어 금가루를 찾아내는 듯하네.

괴이타 말지니, 시를 짓다가 비쩍 여위게 됨을

오직 좋은 시상 닿기는 언제나 찾기 힘들다오.

終朝高詠又微吟 若似披沙欲練金

莫怪作詩成太瘦 只緣佳句每難尋

_시를 읊는다는 것 (吟詩, 정몽주)

정몽주는 학문에 충실했던 인물로, 시를 통해 고려에
대한 충심을 드러낸 것은 모르는 사람이 없을 정도로 유
명합니다. 그러나 그 정몽주조차 좋은 구절을 위해 아침
내내 고민했으며, 또 좋은 시구를 찾는 것은 어려운 일이
라고 선뜻 고백하는 것을 보니 제 마음이 되레 편안해지
는 것 같습니다. 역사적인 인물도 창작의 고통을 겪는데,
23살 학부생인 저는 어련할까요.

특히 '약사피사욕연금(若似披沙欲練金)'이 구절에는 크게
공감해 정말 무릎을 칠 수밖에 없었습니다. 글이라는 것

은, 문장이라는 것은, 만들거나 짓는다기보다는 발견하는 것에 가깝다고 생각했기 때문입니다. 머리를 마구 흔들면서 마음에 드는 표현이 나올 때까지 뒤적거리는 것이지요. 머리에 직접 손을 넣어서 끄집어내고 싶다는 생각을 한 적도 있습니다. 시인 또한 저처럼 스트레스를 받고 골몰하여 시 구절을 찾았던 것이겠지요. '막괴작시성태수(莫怪作詩成太瘦)'에서는 시인이 스트레스를 받는 동시에 끊임없이 노력했다는 것을 읽어낼 수 있습니다. 머리가 아파지면 포기하고 침대에 누웠던 저와는 달리, 시인은 몸이 마를 때까지 구절을 고민했기에 지금까지도 이 시가 전해질 수 있겠지요.

제게도 그동안 많은 고민이 있었습니다. 글을 쓰다 엉뚱한 곳으로 나아가기도 하고, 너무 추상적이어서 이해가 안 되거나, 너무 구체적이라서 재미가 없어 골머리를 앓기도 했습니다. 스스로가 무슨 이야기를 하고 싶은지를 끊임없이 묻고, 돌아볼 수밖에 없었습니다. 글을 쓴다는 것은 참 어려운 일입니다. 흔히 창작의 고통이라고 말하지요. 시인도, 저도, 우리 모두가 글쓰기가 어렵다고 말하면서, 왜 창작을 계속하는 것일까요? 우리는 왜 계속 무언가를 표현하고 보여주려 하고 전해주려고 하는 것일까요? 그 과정이 즐겁기만 한 것이 아닌데도 말입니다.

저는 그 이유가 '나'와 '남'에 있다고 생각합니다. 피아니스트는 피아노 연주를 통해 자신을 만족시키려고 하는 동시에, 남에게 그 소리로 감동을 주고 싶어 합니다. 그 것이 그 연주자가 무대에 오르는 이유겠지요. 글 또한 마찬가지라고 생각합니다. 우리는 글을 통해 마음을 정리하고 '나'를 표현하는 동시에 '남'에게 영향을 주고 긍정적인 경험을 전달해 주고 싶어 합니다. 생판 남에게 자신의 창작물로 반향을 일으키고 싶다는 생각은, 어떻게 보면 거만하게 들리기도 할 테지요. 그럼에도 그런 오지랖들이 모여 세상이 이어지고, 한 걸음 나아갈 수 있는 것이 아닐까요. 저 또한 수많은 창작물의 영향을 받아서 여기에 있으니까요. 자주 봤던 만화의 명대사들, 잠 못 드는 밤 들었던 노래 가사들, 생각을 바꿔주었던 수많은 영화가 저를 이루고 있다고 해도 과언이 아닙니다. 우리가 모두 그렇게 서로에게 영향을 주고, 받으며 성장해 나가고 있습니다.

글을 쓰며 저 스스로 위로받기도 하고, 성장하기도 했지만 동시에 이 모든 글이 누군가에게 전해지는 것을 상상했습니다. 누군가가 이 많은 문장 중 하나에라도 공감하고, 감동하고, 나아가 그 사람의 기억에 남을 수 있다면 그것이 곧 이 어려움을 이겨낸 이유가 되겠지요. 글 속의 제 마음이 어딘가로 이어지는 것을 상상하면 가슴이 뜁니다. 부디 서툴고 어리지만, 진심을 담은 여기 이 문장들이 당신의 마음에 닿기를 바라며. 또 그렇게 연결되는 세상을 상상하며 쓰고 또 씁니다.

누군가의 일기장

만물이 변하는데 정해진 모습은 없거니와

이 한 몸도 한적할 사 절로 때를 따르노라.

요사이 차츰 뭔가 해보려는 마음도 줄어

한참 푸른 산 바라보며, 시조차 짓지 않네.

萬物變遷無定態 一身閑適自隨時

年來漸省經營力 長對靑山不賦詩

_무위 (無爲, 이언적)

＊＊＊

2017년 4월 22일

오늘따라 한 것도 없는 것 같은데 이렇게나 지칠까. 쉬어도 쉬는 게 아닌 것 같다. 내가 이렇게 쉬어도 되나 싶다가도 도서관에 가게 되고, 조금 더 의미 있는 책 의미 있는 영화를 보게 된다. 또 무엇인가를 준비해야겠지. 어느 순간부터인가 계속 누군가가 쫓아오는 듯이 사는 것 같다. 산다는 게 만만치가 않다. 내가 좋아하는 것만 하고 사는 것도 아닌데, 싫은 것은 안 하며 살 수는 없을까. 잘 모르겠다. 어쩔 땐 이런 상황도 싫고, 이런 상황을 싫어하는 나도 싫고 산다는 게 만만치가 않다.

 내 일기장은 90%가 다 슬프고 힘든 얘기밖에 없다. 감사한 일도, 아니 하루하루 이렇게 내가 살아가고 있다는 것이 감사한 일인데, 나는 왜 슬픈 일만 힘든 일만 기록에 남겨 기억하려는 걸까. 애써 웃어 보이고 애써 힘 내보고 애써 살아가고는 있지만 혼자 남을 때마다 다시 슬퍼진다. 답답하고 눈물이 날 것 같다. 다들 나의 나이를 참 좋은 나이, 다시 오지 않을 봄같이 아름다운 나이라고들 한다. 다들 부러워하는 좋은 때에 나는 무엇을 하고 있는 것일까. 나는 정말 그런 시간을 보내고 있는 것일까. 왜 끝나지를 않는 것인가. 나는 언제 시작할 수 있는 것인가. 답답하고 지친다. 잘하고 싶다. 잘살고 싶다. 내가 열심히 살고 있지 않은 것일까…?
＊＊＊

익명의 선생님께

안녕하세요. 저는 조선의 유학자 이언적이라고 합니

다. 〈무위(無爲)〉라는 시는 제가 1535년에 40대쯤 지은 시
입니다. 그동안 저 또한 여러 일을 겪으면서 답답한 심
정들을 시로 지어도 보고 여러 동료들과 나눠보기도 했
었지요. 그런데 약 480년이 훌쩍 지나 21세기를 살아가
는 청년들에게 어떤 위로의 말을 전해줄 수 있을지 걱정
이 되지만, 역사가 반복되듯 각자 인생에 주어지는 어려
움과 위로가 필요한 마음은 통하리라 믿습니다. 그렇기
에 친히 자기 삶의 일부를 전해준 자의 애환은 저 또한
와 닿는 부분이 많았습니다. 비록 우리가 서로 일면식 없
는 관계이지만 서로의 글로 시간을 거슬러 답할 수 있음
에 감사합니다.

　당신은 '무위'라고 하면 어떤 느낌이 드시나요? 게으르
고 널브러져 있는 모습이 상상되지는 않으신가요? '격렬
히 아무것도 하고 싶지 않다.'라는 말이 떠돌 정도로 21세
기의 사람들은 바쁜 하루하루를 살아내고 있는 것 같습
니다. 계절조차도 일 년에 4번이나 모습이 바뀌는데 다양
한 사람이 살고 기술도 시시각각 진보하는 사회는 일분
일초가 다르게 변하고 있을 테지요. 또 그런 시대를 사람
들은 얼마나 치열하고 바쁘게 살아내고 있을는지요.

　저는 그런 모습을 〈무위〉라는 시에서 '경영력'이라고
표현해 두었습니다. 바로 무엇인가를 하려고 애쓰는 것
을 말하지요. 어떤 이들은 무엇인가를 하려고 애쓰는 것

이 미래를 준비하는데 좋은 양분이 되고, 발판이 된다고 생각할 수도 있습니다. 맞습니다. 무엇인가를 하려고 애쓰는 것은 우리가 어떤 것을 이루고자 노력하는 모습이고 그 자체로는 우리에게 해로운 것이 아닙니다. 하지만 그 무엇을 하기 전에 우리는 '청산' 같은 자신을 오래오래 들여다보는 시간이 너무나도 필요합니다. 쉼조차도 사치인 것 같은 현대인에게 무엇을 잃고 무엇을 얻어야 하는지를 안다는 건 참 어려운 것 같습니다.

당신의 일기장 속 그 하루를 누군가는 어리석다 할 수 있겠지만 결코 헛되지 않았음을 아셨으면 좋겠습니다. 무위는 그저 책임감 없이 여유로운 시간을 마음껏 가지라고 말씀드리는 것이 아닙니다. 당장 결과를 가져다주지는 않더라도 당신이 하는 모든 일에는 의미가 있을 것입니다. 당신이 어떤 '일'을 하고 있지 않더라도, 당신이라는 그 존재만으로 청산같이 푸르르며 아름답다는 것을 말씀드리며 글을 마칩니다.

회재 이언적 올림

변화무궁한 세대에게

뽕나무 가지엔 잎사귀 없고 땅에는 흙먼지 날리니

퉁소며 피리로 용을 맞이하는 수묘 앞이라.

부잣집 몇몇 곳이 춤과 노래에 푹 빠져서

오히려 봄 그늘에 피리며 실 소리가 목멜까 걱정하네.

桑條無葉土生烟 簫管迎龍水廟前

朱門幾處耽歌舞 猶恐春陰咽管弦

_기우제를 보면서 (觀祈雨, 이약)

기후 위기로 인한 영향이 점점 드러나고 있는 때입니다. 서울은 수해로 물바다가 되었고, 남부 지방은 가뭄으로 골머리를 앓았습니다. 또 유럽에는 500년 만의 물 부족 사태가 일어났고, 파키스탄에는 끊임없는 비가 내리고 있다고 하지요. 프랑스에서는 물 사용 제한 조치를 내리기도 했습니다. 골프장은 제외한 채 말입니다. 그에 항의하던 환경 단체가 골프장의 홀을 시멘트로 막아버렸다는 기사를 본 적이 있습니다. 미국에서는 모 유명 팝가수의 어마어마한 탄소 배출량이 화제가 되기도 했었지요. 기후 위기조차 빈부격차가 존재한다는 말이 증명되고 있는 듯합니다. 재난의 상황에 누군가는 겨우겨우 한 달 벌어 유지하던 월세방을 잃었을 것이고, 누군가는 골프장에 뿌릴 물을 걱정하고 있었겠지요.

이약의 〈관기우(觀祈雨)〉는 옛날이나 지금이나 세상은 똑같은 부분을 도려내지 못하고 걱정하고 있다는 것을 보여줍니다. 가뭄이 들면 가장 먼저 내던져지는 사람은 권력도 가진 것도 없는 백성들이었겠지요. 하늘에게 비를 내려주기를 기도하는 기우제에서, 부잣집 사람들은 춤과 노래에 푹 빠져있습니다. 그들은 오히려 그늘진 날씨에 습도가 올라 피리나 실 소리가 탁해질 것을 걱정합니다. 모순적이고 위화감이 들지만, 몇백 년을 넘어온 지금 세상에도 여전히 반복되는 장면입니다. 왜일까요? 인간은 그동안 눈부신 문명의 발전을 이뤘고, 평등한 사회를 꿈꾸며 민주주의를 이룩해냈는데, 왜 여전히 이 시는 우리에게 씁쓸함을 느끼게 하는 것일까요? 우리 세대가 무엇을 추구하고 어디로 나아가야 할 것인지, 깊이 생각해 볼 때인 것 같습니다.

중학교 시절, 다니던 학원 뒤에는 낡고 작은 집들이 모여있는 골목길이 있었습니다. 저는 시장 뒤쪽으로 연결

된 좁고, 포장되지 않은 그 길을 탐험하는 것을 좋아했습니다. 학원 쉬는 시간에 나와 가로등 하나 없는 길을 걸으며 어디로 이어질지 모르는 길을 걷고는 했지요. 어른 하나 걸어갈 만큼 좁은 길을 걸어야 나오는 문도 있었고, 쓰러질 것 같이 녹슨 문도 있었습니다. 중간에 모여서 선풍기를 쐬며 수박을 먹고 계시는 할머님들도 봤었지요. 반지하 창문으로 새어 나오는 불빛을 가로등 삼아서 겁도 없이 걸어 다니고는 했습니다. 갈림길을 걷다 밑으로 쭉 빠져나오면 번화가로 이어지는 큰 도로가 나왔습니다. 그 대로를 따라 걸어가면 대형마트와 높은 아파트 단지가 이어져 있었지요. 순간적으로 그 모습에 어떤 위화감을 느꼈던 것이 기억납니다. 조금만 눈을 돌리면 보이지 않던 것들이 보이고는 하지요. 숨겨져 있던 세상의 모습을 발견했던 그 순간은, 아직도 제 머릿속에 깊게 박혀 있습니다.

대학에 합격하자마자 소액이나마 정기후원을 계속하는 이유는 그 때문인 것 같습니다. 내가 아는 세상이 전부가 아니라는 사실을 기억하고 있기 때문이겠지요. 아주 맘 편히 살 수 있는 형편은 아니지만, 매달 들어오는 알바비가 누군가에게는 간절한 돈일 것이 분명하니까요. 어머니는 제가 착해서 그렇다고 말씀해 주시지만, 저는 심성의 문제라기보다는 인지의 차이라고 생각합니다. 아는가, 모르는가. 이해했는가, 이해하지 못했는가. 보았는가, 보지 못했는가. 차별과 불합리와 억울함은 도처에 깔려있는데 많은 사람이 그것을 꿰뚫어 보지 못하는 것은 우리에게 전해지는 이야기들이 편향되어 있기 때문이겠지요.

온갖 SNS에는 화려하고 완벽하게 정돈된 사진들만이 올라옵니다. 아무 문제 없이 돌아가고 있는 것 같은 세상 속 유흥거리가 넘쳐나지요. 그런데 실제로는 어떻습니까? 머릿속의 편견과 지금까지 주입되었던 모든 소리를 꺼두고 길을 걸어보면, 금방이라도 무너질 듯 엉성하게 쌓아 올려진 사회가 보입니다. 어려운 일입니다. 어떤 것이 나의 생각이고, 어떤 것이 주입된 생각인지 구분하는 것조차 어려운 이런 세상에서는 더욱 그렇겠지요. 넘쳐나는 정보 속에 사실과 거짓을 구분하는 것. 나와 연결된 공동체에서 자신을 분리해 생각하는 것. 현대 사회에서 자란 우리에게는 하나같이 해내기 힘든 일들입니다. 그러나 이대로 삶의 불편한 부분으로부터 고개를 돌린다면 우리는 지금보다 나은 미래를 꿈꿀 수 있을까요? 시간의 저 먼 곳에서 '이런 세상을 만든 것은 당신네.'라는 비판의 목소리가 들려오는 듯합니다.

틀린 그림 찾기를 해봅시다. 우리에게 여러 매체를 통해 전달되는 세계, 분리된 세계와 실제 사이의 간극을 찾아봅시다. 배우이자 인권운동가로도 유명한 안젤리나 졸리는 젊은 시절 방탕한 생활을 하기도 했으나, 촬영을 위해 캄보디아에 갔을 때 내전으로 인해 무너진 비참한 광경을 보고 삶을 바꿔나가기 시작했다고 합니다. 그때부터 그녀의 인권 운동과 환경보호 운동이 시작된 것이지요. 세상 속 불편하고 숨겨진 부분을 발견하고 이해하게 되는 순간, 우리는 그것을 마냥 지나칠 수는 없을 것입니다.

인지한다는 것은 어렵습니다. 알고 행동하기란 더더욱 어려울 테지요. 그럼에도 불구하고 우리 세대는 할 수 있는 것을 찾고, 나아가야 합니다. 그것이 마땅하기 때문입니다. 모두가 당연하게 조금 더 나은 사람, 더 나은 세상을 추구하기를 바라며, 우리 세대가 무엇에도 휘둘리지 않고 옳은 길을 걸어 나가기를 기도합니다.

점, 선, 면

요즘 제겐 소소한 취미가 하나 있습니다. 그건 바로 '펜화'죠. 남들처럼 대작을 그려내진 못하지만, 그럼에도 나름의 재미가 쏠쏠합니다. 펜화는 준비할 재료가 많지 않다는 게 장점이기도 하지요. 펜 한 자루와 종이 한 장만 있으면 되거든요. 그려내고 싶은 사물과 풍경, 건축물을 펜으로 도화지에 사각사각 표현하면 작품 하나가 만들어집니다. 이렇게 그림이 한 개씩 완성될 때마다 뿌듯함을 느끼곤 하죠.

펜화를 그리면 그릴수록 저 자신이 달라지는 듯한 느낌입니다. 정확히 말하자면 저의 '시선'이 바뀌어 가고 있는 것만 같습니다. 원래라면 무심코 지나쳤을 법한 것을 주의 깊게 바라보게 되었거든요. 그때의 장면을 담아내기 위해서는 찰나의 순간을 제대로 포착해야 하기 때문입니다. 하늘 위 흘러가는 구름의 양태와 건물의 창문에 비친 햇빛, 저를 지나쳐가는 행인의 그림자 등 세상의 많은 것들은 멈추지 않은 채 변화무쌍하게 움직이고 있었습니다. 깊게 바라보지 않았더라면 놓쳐버렸을 것들이겠지요.

여느 때처럼 그림을 그리다 문득 이런 생각이 들었습니다. 그림을 그릴 때처럼 우리가 사는 세상 역시 자세히 들여다봐야 한다는 것이었지요. 마치 '자세히 보아야 예쁘다.'라는 나태주 시인의 말처럼요. 물감의 색이 모두 다르고 색깔이 서로 섞이며 새로운 빛깔을 만들어내듯이, 우리도 한 사람 한 사람이 모여 또 다른 아름다움을 만들어낼 테니까요. 이는 비단 저 혼자만의 생각은 아닌 것 같습니다. 조선 실학자 박제가도 한시 〈위인부령화(爲人賦嶺花)〉에서 다음과 같이 말했기 때문이지요.

'붉을 홍'자 하나만 가지고
눈에 뵈는 모든 꽃을 통쳐서 부르지 말라.
꽃수염도 많고 적음 있으니
세심하게 하나씩 살펴볼지니.
母將一紅字 泛稱滿眼華
華鬚有多少 細心一看過

_위인부령화 (爲人賦嶺花, 박제가)

박제가는 시에서 '붉을 홍(紅)'이라는 글자 하나로 꽃 전체를 재단할 수 없다고 이야기합니다. 왜냐하면 붉은 꽃은 '그 꽃'의 특성이지 '모든 꽃'의 성질이라고 볼 수 없기 때문입니다. 꽃술조차도 개수와 모양이 모두 다른데 하물며 다른 품종의 꽃들을 어떻게 같다고 말할 수 있을까요.

박제가의 시처럼 세상 만물은 하나의 단어로 뭉뚱그려질 수 없는 것 같습니다. 특히 우리 인간은 더욱 그러하죠. 꽃이 모두 다르듯 우리도 모두 저마다의 개성이 있기 때문입니다. '인간'이라는 두 글자로 '나'와 타인의 매력을 담아내지는 못할 테니까요. 그런데도 우리는 집단의 특성으로 한 사람을 평가하는 듯합니다. 그 과정에서 개개인의 특성은 몰살되고 깎여나가죠. 여기서 그치지 않고 우리는 남다르게 보이는 '꽃'들을 배척하고 모두 같은 꽃이 되려고 합니다. 다른 사람의 눈에 띄면 좋을 게 없다는 생각 때문인 것 같습니다. 모든 인간은 개별적인 존재인데도 말이죠. 지금 우리 사회의 모습이 아쉬울 따름입니다.

어느 날, 미술학원 선생님께서는 제게 이러한 말을 남기신 적이 있습니다. "모든 예술 작품은 점과 선과 면으로 이루어져 있다."라고요. 작은 점들이 모여 선을 이루고 무수한 선들이 면을 만들기 때문이죠. 제가 그리는 펜화에서도 마찬가지입니다. 건물의 소실점을 찾고, 소실점에서 뻗어 나온 선을 긋고, 그 선들을 평면인 종이에

'면'으로 그려냅니다. 그리고 나면 하나의 그림이 나타나지요. 사람 사는 세상도 별반 다르지 않은 것 같습니다. 나희덕 시인이 말했듯 '나'라는 점 하나하나가 모여서 가족, 친구, 동료와 같은 '선'을 그려내고, 선들이 모여 우리 사회, 국가, 세계라는 '면'을 만들 테니까요.

철학자 칸트는 "외부 사물은 인간인 '나'의 시선에 의해 구성되는 것이다."라고 주장했습니다. 즉 세계를 있는 그대로 보는 것이 아니라, 우리의 생각과 경험들로 대상을 인식하게 된다는 것이지요. '인간의 눈으로 사회를 바라볼 수밖에 없다면', '인간이 점과 선과 면으로 함께 살아갈 수밖에 없다면', 우리는 좀 더 따뜻한 눈길로 다른 사람들과 함께 지낼 수는 없을까요.

간절한 바람을 담아 우리에게, 이 글을 띄워 보냅니다.

고대하는 청춘에게

 사람들이 지나다니는 보도블록 사이, 얇게 드러난 흙 위로 민들레가 자라는 것을 본 적이 있습니다. 수많은 발에 밟히면서도, 봄이 오면 기어코 한 송이의 노란 꿈을 피워내는 것에 생명의 경이로움을 느낍니다. 봄은 생명력의 계절입니다. 눈이 녹고, 따뜻한 비가 내리고, 잠에서 깨어나고, 피어나는 계절이지요. 정몽주의 〈춘흥(春興)〉은 이런 봄의 생기를 노래하는 시입니다.

 봄비가 가늘어 방울지지 않더니
 한밤중에 은은히 소리가 있구나.
 눈은 다 녹아 남쪽 시내가 불어나고
 풀싹은 얼마나 돋아났으려나.
 春雨細不滴 夜中微有聲
 雪盡南溪漲 草芽多少生
 _봄날의 흥취 (春興, 정몽주)

봄비 내리는 날, 굳어있던 시냇물이 다시금 흐르기 시작합니다. 얼었던 땅이 녹고 그 위로 푸릇푸릇한 싹이 터 오니, 가지각색의 꽃이 피는 것은 그다지 멀지 않은 일일 테지요. 시인은 봄비 내리는 밤, 겨울의 끝을 직감합니다. 겨울의 끝은 곧 봄의 시작입니다. 봄의 도래에 대한 기대가 시에서 느껴집니다. 봄은 푸르게 물들기 시작하는 계절, 피어나기 위해 새싹들이 수없이 그 머리로 지면을 두드리는 계절입니다. 이런 봄의 색채를 표현하는 단어가 있습니다. 바로 '청춘(靑春)'입니다. 새싹이 파랗게 돋아나는 봄을 뜻하면서, 우리 인생의 봄을 말하는 단어이지요. 청춘은 보통 젊은 나이대의 따뜻하고 다양한 색의 영혼을 말할 때 쓰입니다. 그중 청춘의 대표주자로 생각되는 시절은 단연 20대일 것입니다. 이제 막 성인이 되어 꽃을 피워내기 위해 몸을 비틀고, 꽃샘추위를 이겨내고, 살랑이는 바람에 향기를 실어 보낼 젊은이들 말입니다.

그런데 왜일까요? 우리의 청춘에는 이상기후가 찾아온 것 같습니다. 지난해 20대 우울증 환자 수는 17만 7,166명으로 전체 연령대 중 가장 많았을 뿐 아니라 2019년 대비 증가 폭도 가장 컸습니다. 20대들이 코로나로 인해 청춘을 낭비했다고 느끼는 것이 아닐까 싶습니다. 제 주변만 해도 그런 말을 하는 친구들이 많으니까요. 가장 꽃피워야 할 한 번뿐인 시기를 어이없게 놓쳤다는 것입니다.

그뿐만 아닙니다. 취업난과 끊임없는 채용시험, 꿈보다는 안정성을 좇는 것이 당연한 분위기, 경직된 조직문화에 자신을 밀어 넣어야 한다는 불안감 등이 봄의 새싹 위로 부는 겨울바람 같습니다. 수없이 실패하고 비교당하고 떨어지고 기회를 잡지 못하고 집 안에서 컴퓨터 화면으로 자신을 검열해야 하는 모든 순간은, 이르게 찾아온 장마 같습니다. 아직 피어나야 할 생명이 떨고 있지는 않은지 잠기고 있는 것은 아닌지 걱정스럽습니다. 우리의 청춘에 돌연히 찾아온 이상기후, 흔히 '한번 지나간 청춘은 다시 돌아오지 않는다!'라고 말하는데, 우리의 봄은 이대로 흐지부지 끝나고 마는 것일까요?

인생은 흔히 일직선의 그래프처럼 그려지고는 합니다. 앞으로 나아갈 뿐 과거로 돌아갈 수는 없기 때문입니다. 그러나 인생의 여러 현상들을 자세히 관찰해 보면, 삶이란 그래프보단 계절에 비유하는 것이 자연스럽다고 생각합니다. 시간은 멈출 줄 모르고 등을 떠밀지만, 계절은 전진하는 동안에도 끊임없이 순환합니다. 우리 인생은 기묘하게도 어떤 한 방향으로 끊임없이 나아가면서도 또 같은 자리를 돌고 있습니다. 뫼비우스의 띠 위를 걷듯 봄, 여름, 가을, 겨울이 지나면 다시 봄이 오는 것처럼요.

청춘은 곧 봄입니다. 계절의 일부입니다. 그렇기에 청춘은 소모되지 않습니다. 청춘은 한 번 쓰면 사라지는 일

회용 상품이 아닙니다. 우리는 우리의 젊은 시절이, 아름답게 꽃 피울 시간이 버려지고 있다고 생각하며 조급해합니다. 그러나 사계의 순환이 당연하듯 청춘도 결국은 돌아옵니다. 만약 당신이 이번 봄에 꽃구경을 나가지 못했더라도, 그건 그저 당신의 수많은 봄 중 한 번이 지나간 것뿐입니다. 정열의 계절, 수확의 계절, 소강의 계절을 차례대로 지나면, 또다시 청춘이 찾아옵니다. 이는 두 번째 봄일 테지요. 우리는 모두 수없이 이 계절을 반복할 것입니다. 밤중에 봄비 내리는 소리를 음미하며, 눈이 녹고 생명이 싹트는 계절을 마주하는 일을 지겹도록 하게 될 것입니다.

우리는 모두 다른 계절을 살고 있습니다. 이미 나의 청춘은 지나갔다고 생각하는 20대 청년도, 이제 막 봄이 시작된 70대 할머니도 있을 것입니다. 기억해야 할 것은 하나입니다. 내가 지금 어느 계절을 걷고 있더라도 봄은 돌아온다는 것. 너무 춥고 외롭고 찬 바람 쌩쌩 부는 겨울은, 외려 봄에 가장 가까운 계절이라는 것. 꽝꽝 언 시냇물 위로 봄비 내리면 언제 그랬냐는 듯이 넘쳐흐르리라는 것 말입니다.

분명 피어납니다. 시기는 몰라도 당신은 푸릇푸릇 생기로운 봄이 될 것입니다. 한번 피었다 지더라도, 매년 봄이 돌아오고 꽃이 다시 피듯 그런 시절은 계속해서 우리 안에 반복될 것입니다. 다시금 시를 한 번 읽어봅니다. 봄은 곧 청춘. 시인은 청춘이 피어나는 것을 목격하고 있습니다. 나도 나의 봄이 오는 것을 느낍니다. 마음에 봄비가 내리고 싹이 트는 것을 두 눈에 담으며 적어봅니다. 당신의 사계절을 기대하며.

닫는 말

총욕약경

살다 보면 수많은 일들을 만나게 됩니다. 그러나 대부
분 나를 추어주거나 내려깎는 일임을 깨닫습니다. 많은
세월을 살아온 것은 아니지만, 하나하나 나에게 벌어진
일을 생각할 때면 이 두 종류에서 벗어나는 것은 없는 듯
합니다. 중첩되거나 치우치거나 알쏭달쏭한 것들은 있을
수 있지만, 칭찬과 비난 두 가지를 벗어나진 않는 듯합니
다. 대개 나를 칭찬하면 나의 편인 줄 알고, 나를 비판하
면 나의 적인 줄 아는 것이 보통 사람의 마음임을 누구도
부인하지 못할 테지요. 그런데 『노자(老子)』를 보면 이런 말
이 있습니다.

"총애와 모욕은 깜짝 놀라게 한다(寵辱若驚)."

'총(寵)'과 '욕(辱)'이 모두 '경(驚)'을 한다는 것, 이는 찬찬히
생각해 볼 여지가 있습니다. 총은 '총애하다.'라는 뜻으

로 상대의 기를 북돋아 주는 행위입니다. 욕은 '모욕을 받다.'라는 뜻으로 상대의 기를 누르는 태도입니다. 약은 '~와 같다.'라는 뜻으로, 총과 욕이 경의 효능과 결과를 갖는 것임을 보여줍니다. 경은 말이 일어서며 놀라는 모습으로, 고요함이 깨뜨려지는 상황입니다. 아울러 주의할 것은 총과 욕은 모두 피동형으로 해석을 해야 한다는 것이지요. 그렇다면 이 네 자는 내가 누군가에게 총애나 칭찬을 받는 것과 누군가에게 치욕이나 모욕을 받는 것을 동렬에 놓고 있다는 점인데, 바로 이것이 해석의 묘처입니다. 이에 주의하여 해석은 다음과 같이 해야 합니다.

"누군가에 총애를 받거나 누군가에게 모욕을 당하는 것은, 모두 나의 고요하고 평화롭던 몸과 마음의 평정을 깜짝 놀래켜서 흔드는 것이다."

노자가 가장 중요하게 여긴 것은 사람이 본래 지녔던 고요한 평정이었습니다. 이것을 훼손하게 되면 사람이 사람다움을 잃게 되고 외물에 흔들려 자아를 놓치는 불상사가 일어난다고 보았습니다. 그래서 그는 허정(虛靜)한 상태 유지를 수양의 핵심으로 삼았습니다. 허정을 자극하는 모든 것은 거부되었지요. 그것이 나의 기를 살려주든 나의 기를 꺾어주든! 총은 플러스요, 욕은 마이너스입

175

니다. 그런데 이들은 원래 상태를 흔드는 자극일 뿐입니다. 사실 총애를 받다 보면 더욱 큰 총애를 받기 위해 자신의 생명을 바치는 일도 일어납니다. 모욕을 받는 것은 나의 자존을 해치며 결국 나를 죽음으로 몰아넣기도 합니다. 총애든 모욕이든 모두 나의 생명을 위협하는 씨앗을 갖고 있습니다. 혹여 정도의 차이가 있지 않겠냐고 반박할 수도 있지만, 노자의 생각은 견결했습니다. 총애도 원치 않고 모욕도 원치 않으며, 내게 주어지는 외부 자극은 모두 나의 고요한 평화를 깨뜨린다면 결연히 거부되어야 한다고 말이지요.

그래서 그는 귀신(貴身)을 제기합니다. 내 몸을 가장 귀하게 여기라는 것이지요. 내가 갖고 있던 상태는 그것이 부족하든 넘치든 그 자체로 완정(完整)한 균형을 이루고 있으며, 외부 자극에 의해 평정이 파괴되면 조만간 당자(當者)의 생명을 위협하게 될 것입니다. 노자는 이 지점을 주목합니다. 우리도 이 지점을 눈여겨봅니다. 나의 중심을 지키면서 균형을 잡아나가는 것, 외부에서 총애가 다가오거나 모욕이 뒤덮어도 살아내는 능력, 이것이 필요하기 때문입니다.

특히 청춘 시절은 안에서 기운이 용솟기도 하지만 외부의 자극도 수없이 다가오는 때입니다. 내 안의 나를 키우며 나를 다독이고, 나를 세상과 조응하며 나를 아름답게 만들어야 합니다. 숱한 갈등과 충돌도 경험하면서 조금씩 더디지만 나를 세워나가는 때이기도 하지요. 이 시점에 이들은 묻고 답하며, 서로 혹은 스스로 위로하며 나를 만들어가고 있었습니다. '청춘위로'는 그에 대한 작은 보고서입니다.

이는 청춘의 자정(自靜) 능력을 믿는 데서 출발했습니다. 그들은 자신의 균형을 믿고 외부에 좌우되지 않는 중심을 갖고 있었습니다. 노자의 이 말은 청춘의 본질을 보여주는 동시에, 그들이 살아가면서 잊지 않았으면 하는 화두도 될 것입니다. 이제 나를 찾아나가는 청춘들이 세상에 대하여 무게 있는 목소리를 낼 때입니다. 조용히, 그러나 은은하게 기다려보겠습니다.

김승룡

Collectio Humanitatis pro Sanatione VI

청춘 위로

초 판 1쇄 2024년 09월 25일

지은이 박기현, 류재민, 김동혁, 정다운, 이지수, 이시은, 김승룡
펴낸이 류종렬

펴낸곳 미다스북스
본부장 임종익
편집장 이다경, 김가영
디자인 임인영, 윤가희
책임진행 안채원, 이예나, 김요섭
표지 일러스트 김예지 〈Temptation(유혹)〉
저자 일러스트 신노을
책임편집 류재민, 김남희, 배규리, 이지수, 최금자

등록 2001년 3월 21일 제2001-000040호
주소 서울시 마포구 양화로 133 서교타워 711호
전화 02) 322-7802~3
팩스 02) 6007-1845
블로그 http://blog.naver.com/midasbooks
전자주소 midasbooks@hanmail.net
페이스북 https://www.facebook.com/midasbooks425
인스타그램 https://www.instagram.com/midasbooks

ISBN 979-11-6910-806-5 03100

값 17,000원

미다스북스는 다음세대에게 필요한 지혜와 교양을 생각합니다.